Die gewalttätigen Ausschreitungen gegen Ausländer haben die Türken in Deutschland ebenso überrascht wie die meisten Deutschen. Hatte sich die zwei Millionen starke Minderheit nicht bereits etabliert? Hatte man sich nicht, seit die ersten „Gastarbeiter" 1961 ins Land gekommen waren, zwischen zwei Kulturen eingerichtet? Dieses Buch beschreibt die Arbeitswelt der Türken in einer komplexen Gesellschaft, die Ausübung der angestammten Religion, die Probleme mit Schule und Berufsausbildung, die Selbstorganisation, das Verhältnis zu den Kurden, die Mitarbeit in Gewerkschaften und Parteien, die türkischen Medien und die Perspektiven für die Zukunft: gehen oder bleiben, Ausgrenzung oder Integration?

*Faruk Şen* ist Direktor, *Andreas Goldberg* Geschäftsführer am Zentrum für Türkeistudien an der Universität GH Essen. Von Faruk Şen liegt bereits vor: „Türkei" (BsR 803).

FARUK ŞEN/ANDREAS GOLDBERG

# Türken in Deutschland

Leben zwischen zwei Kulturen

VERLAG C.H. BECK MÜNCHEN

Mit 5 Abbildungen (Süddeutscher Verlag, München) und 6 Tabellen

---

Die Deutsche Bibliothek – CIP-Einheitsaufnahme

*Şen, Faruk:*
Türken in Deutschland : Leben zwischen zwei Kulturen ;
[mit 5 Abbildungen und 6 Tabellen] / Faruk Şen ; Andreas
Goldberg. – Orig.-Ausg. – München : Beck, 1994
  (Beck'sche Reihe ; 1075)
  ISBN 3 406 37465 4
NE: Goldberg, Andreas:; GT

---

## Originalausgabe
## ISBN 3 406 37465 4

Einbandentwurf: Uwe Göbel, München
Umschlagbild: Siegfried Kachel (Süddeutscher Verlag, München)
© C.H.Beck'sche Verlagsbuchhandlung (Oscar Beck), München 1994
Satz und Druck: Presse-Druck- und Verlags-GmbH, Augsburg
Gedruckt auf säurefreiem, aus chlorfrei gebleichtem Zellstoff
hergestelltem Papier
Printed in Germany

# Inhalt

1. Türkische Einwanderung nach Deutschland. Ein Rückblick .................................... 9

   Die ersten Türken als „Gastarbeiter" 9 – Anwerbeabkommen 9 – Ablehnung und Gewalt gegen Türken 10 – Anatolien–Istanbul–Deutschland 12 – Metropolen als Magnete 13 – Pull- und Push-Faktoren 14 – Volkswirtschaftliche Bedeutung der „Auslandstürken" 17 – Ölschock und Anwerbestopp 20 – Familienzusammenführung 20 – Rückkehrförderung 23 – Gescheiterte Reintegrationsmodelle 25 – Das Modell Arbeitnehmergesellschaften 25

2. Türkische Arbeitnehmer und Arbeitgeber ........ 27

   Beitrag zur deutschen Volkswirtschaft 28 – Türken als Konsumenten 29 – Ausländer auf dem Wohnungssektor 30 – Mittelpunkte der Lebensplanung 31 – Qualifikationsgrade 33 – Arbeitslosigkeit 34 – Türkische Unternehmer 34 – Investitionen türkischer Unternehmer 35 – Ausländische Unternehmer als Ausbilder 36 – Impulse für die deutsche Wirtschaft 37 – 55 Branchen 37 – Motivation 38 – Beispiel: Lebensmittelimport 39 – Probleme bei der Selbständigkeit 40 – Deutsche Arbeitnehmer bei türkischen Arbeitgebern 40 – Vom Arzt bis zum Lehrer – ein neuer Mittelstand in Deutschland? 41 – Kriminalität und Kriminalstatistik 42

3. Türken und Ausländergesetzgebung ............. 44

   Ausländergesetz als rechtliche Grundlage 44 – Nachzug von Ehepartnern nach Deutschland 46 – Abhängigkeiten 47 – Wahlrecht und Einbürgerung 48 – Doppelte Staatsangehörigkeit als Ausweg? 49 – Gesetz aus der Kaiserzeit 50 – Einwanderungsland Deutschland 51 – 1,2 Millionen Deutsche mit Doppelstaatsbürgerschaft 52

4. Das Leben in der Fremde. Türkische Familien in
   Deutschland .................................... 54

   Familienstrukturen 54 – Türkische Kinder und Jugendliche 55 – Jugendarbeitslosigkeit 57 – Studenten 58 – Weibliche Arbeitnehmer 60 – Frauen in Abhängigkeit von ihren Männern 61 – Die zweite Generation von türkischen Frauen 62 – Eingeschränkter Arbeitsmarkt 64 – Türkische Frauen als Opfer von Ausländerfeindlichkeit 65 – Lebenssituation älterer Türken 67 – Finanzielle, gesundheitliche und psychische Probleme 68 – Illusion der Rückkehr 69 – Lebensabend in Deutschland? 70 – Angebote der Altenhilfe 71

5. Muslime in Deutschland ........................ 73

   Islam und Christentum 75 – Der Koran 76 – Moscheen 77 – Orte der Begegnung 78 – Die türkische Frau und ihr Kopftuch. Eine unendliche Geschichte 79 – Schlachtvorschriften 80 – Die türkische Bevölkerung und ihre Feste 81 – Das Opferfest (kurban bayramı) 81 – Fastenmonat (Ramazan) 81 – Ramadanfest (şeker bayramı) 82 – Beschneidung 83 – Hochzeit 83 – Bestattungen 84 – Sunniten, Schiiten, Aleviten 85 – Religion als integrationshemmender Faktor? 86 – Die Bedeutung des Islam in der Türkei 87 – Verlagerung der Aktivitäten nach Deutschland 90 – Entwicklung des Islam in Deutschland 91

6. Türkisch-islamische Organisationen in Deutschland ............................................. 92

   Türkisch-Islamische Union der Anstalt für Religion e.V. / Diyanet İşleri Türk Islam Birliği (DITIB) 93 – Vereinigung der Neuen Weltsicht in Europa e.V. / Avrupa Milli Görüş Teşkilatları (AMGT) 94 – Verband der islamischen Kulturzentren e.V. (VIKZ) / İslam Kültür Merkezleri Birliği 96 – Föderation der islamischen Gemeinden und Gemeinschaften / İslam Cemaatleri ve Cemiyetleri Birliği (ICCB) 98 – Nurculuk-Bewegung / Nurcular 101 – Föderation der Türkisch-Demokratischen Idealistenvereine in Europa e.V. / Avrupa Demokratik Ülkücü Türk Dernekleri Federasyonu (ADÜTDF) 102 – Türkisch-Islamische

Union in Europa / Avrupa Türk İslam Birliği (ATIB) 103 – Verein der Aleviten-Gemeinden e. V. / Alevi Birlikleri Federasyonu 103

7. Politische türkische Selbstorganisationen ......... 105

Föderation der Immigrantenvereine aus der Türkei e. V. / Göçmen Dernekleri Federasyonu (GDF) 105 – Föderation sozialdemokratischer Volksvereine der Türkei in Europa e. V. / Sosyal Demokrat Halk Dernekleri Federasyonu (HDF) 105 – Bündnis türkischer Einwanderer in Hamburg / Türkiye Göçmenler Birliği (TGB) 106 – Freiheitliche Türkisch-Deutsche Freundschaftsgesellschaft e. V. / Hürriyetçi Türk-Alman Dostluk Cemiyeti (HÜR-TÜRK) 106 – Liberale Türkisch-Deutsche Vereinigung e. V. / Liberal Türk-Alman Birliği (L.T.D.) 107 – Türkische Gemeinden und Mittelstandsorganisationen 107 – Deutsche Politik im Mittelpunkt 108

8. Türken und Kurden in Deutschland .............. 109

Geschichtlicher Hintergrund 111 – Zum Begriff „Kurdistan" 112 – Der Nationalgedanke der Republik Türkei und die Kurdenproblematik 113 – Ausnahmezustand in den östlichen Provinzen 114 – Auswirkungen des Konflikts in Deutschland 115 – Kurdische Organisationen in Deutschland 115

9. Die Medien der türkischen Bevölkerung in Deutschland ................................... 118

Türkische Tageszeitungen 118 – Brücke zur Heimat 122 – Fernsehprogramme für die türkische Wohnbevölkerung 123 – Deutsche Sendeanstalten 123 – Videokonsum 124 – Kabel- oder Satellitenprogramme 124 – Lokales Fernsehen in Berlin 125 – Nutzung türkischer und deutscher Sender 126

10. Politische Beteiligung von Türken in Deutschland 127

„Sachkundige Einwohner" 127 – Ausländerbeiräte 127 – Türken und kommunales Wahlrecht 128 – Perspektiven 129

11. Zukunftsperspektiven. Deutschland – (k)eine
    Heimat? .................................................. 131

    Ganz unten auf der Beliebtheitsskala 131 – Allgemeiner
    Trend in Westeuropa 132 – „Ausländerfeindlichkeit" – ein
    ungenauer Begriff 133 – Gesellschaftliche Ursachen von
    Rechtsextremismus 133 – Politische Ursachen 134 – Möglichkeiten eines besseren Zusammenlebens 136 – Verantwortung der Medien 137 – Herausforderung an die Demokratie 137

Literatur ........................................................ 140

## Tabellenverzeichnis

| | | |
|---|---|---|
| Tabelle 1: | Traktoren und Mähdrescher 1950–80 ............. | 14 |
| Tabelle 2: | Türkische Wohnbevölkerung in der Bundesrepublik Deutschland und ihre Wachstumsquoten, verteilt nach Jahren ................................. | 15 |
| Tabelle 3: | Geldtransfer türkischer Arbeiter in die Türkei zwischen 1964 und 1992 ........................... | 17 |
| Tabelle 4: | Vergleich der Höhe der Überweisungen der türkischen Arbeitsmigranten in die Türkei mit türkischen Importen und Exporten ........................ | 18 |
| Tabelle 5: | Verteilung der ausländischen und türkischen Schüler an allgemeinbildenden Schulen 1991 nach Schularten | 23 |
| Tabelle 6: | Auflagenhöhe sowie inhaltliche und politische Ausrichtung der Europa-Ausgaben verschiedener türkischer Zeitungen .............................. | 119 |

# 1. Türkische Einwanderung nach Deutschland. Ein Rückblick

### ‣ *Die ersten Türken als „Gastarbeiter"*

„Türken raus!" In großen, schwarzen Buchstaben hebt sich diese Aufforderung von der grauen Fassade der stillgelegten Fabrik ab. Wahrscheinlich gesprüht von Jugendlichen, die sich selbst als Deutsch-Nationale bezeichnen und die noch nicht einmal geboren waren, als diejenigen, denen die Aufforderung gilt, in die Bundesrepublik Deutschland kamen. Angeworben wurden sie als Arbeitskräfte in den frühen sechziger Jahren, als die bundesdeutsche Wirtschaft boomte und gleichzeitig durch den Mauerbau der Facharbeiterstrom aus der DDR versiegte. Ohnehin war die demographische Basis für eine aufstrebende Industrienation wie die Bundesrepublik kriegsbedingt nicht sehr günstig. Nur zur Erinnerung: Die Zahl der gemeldeten offenen Arbeitsstellen bewegte sich 1961 um 500 000. Arbeitslos gemeldet waren Ende 1961 nur ca. 180 000 Deutsche. Sehr schnell war das vermeintliche Ei des Kolumbus gefunden: Anwerbeabkommen war das Zauberwort. So wurden in rascher Folge Anwerbeverträge mit Italien (1955), Griechenland (1960), Spanien (1960), der Türkei (1961), Marokko (1963), Portugal (1964), Tunesien (1965) und Jugoslawien (1968) abgeschlossen.

### *Anwerbeabkommen*

Die so angeworbenen ausländischen Arbeiter kamen nicht als Gäste, wie die damalige Bezeichnung „Gastarbeiter" vermuten ließ, sondern als billige und deshalb umworbene Arbeitskräfte. „Türken, Italiener, Griechen, Spanier, Tunesier, Jugoslawen,

Marokkaner und Portugiesen herein nach Deutschland" – das war das Motto jener Jahre. Die anfängliche Privatinitiative weniger Unternehmen wurde Ende der fünfziger bzw. Anfang der sechziger Jahre auf die staatliche und damit offizielle Ebene verlagert, als die Bundesrepublik Deutschland offizielle Anwerbeabkommen mit verschiedenen Staaten innerhalb und außerhalb Europas unterzeichnete.

Der 31. Oktober 1961 kann dabei im historischen Rückblick als einer der wichtigsten Meilensteine in der bisherigen deutsch-türkischen Geschichte gelten. An diesem Tag wurde das „Abkommen zur Anwerbung türkischer Arbeitskräfte für den deutschen Arbeitsmarkt" zwischen der Türkei und der Bundesrepublik Deutschland unterzeichnet.

Zwar kamen die ersten Türken schon 1957 nach Deutschland, doch setzte eine Wanderung größeren Umfangs erst nach Unterzeichnung des Anwerbeabkommens ein. Die Anwerbung und der später einsetzende Nachzug von Familienangehörigen führte in den folgenden Jahren zu einer starken Präsenz von Menschen türkischer Herkunft in der Bundesrepublik Deutschland. Doch auch nach einer mehr als 33jährigen Einwanderungsgeschichte kann von einer Normalität zwischen der deutschen Bevölkerungsmehrheit und der türkischen Minderheit keine Rede sein.

*Ablehnung und Gewalt gegen Türken*

Zwar erschienen schon 1982 im Ruhrgebiet die Parolen „Türken raus!", doch erst die Morde von Mölln und Solingen und die zahllosen verbalen und körperlichen Attacken gegen Türkinnen und Türken haben das schwierige Verhältnis zwischen diesen beiden Bevölkerungsgruppen wieder in den Mittelpunkt der Aufmerksamkeit gerückt. Es waren nicht Italiener, Spanier oder Portugiesen, denen die Angriffe rassistisch motivierter Gewalttäter galten; die jüngsten Ereignisse in Deutschland, die Brandanschläge gegen Ausländer, richteten sich vornehmlich gegen die derzeit in Deutschland lebenden rund 1,918 Mio. Türken.

Fremdenfeindliche Straftaten nehmen in erschreckender Weise zu. In den Jahren 1987 bis 1990 wurden jährlich etwa 250 solcher Delikte gemeldet. 1991 hatte sich, laut Bundeskriminalamt, diese Zahl auf 2426 Straftaten nahezu verzehnfacht. Ein Jahr später waren es schon 6336 Übergriffe. Siebzehn Menschen, Deutsche und Ausländer, sind in diesem Jahr Gewalttaten mit erwiesener oder vermuteter rechtsextremistischer Motivation zum Opfer gefallen. Die Täter sind zu fast 75 % jünger als 20 Jahre. Fast alle Tatverdächtigen sind Männer; der Frauenanteil liegt bei lediglich 3,7 %.

Das Bundesinnenministerium schätzt das gesamte rechtsextreme Spektrum in der Bundesrepublik auf ca. 43 000 Personen. Davon entfallen 26 000 auf die DVU (Deutsche Volksunion), 6700 auf die NPD (Nationaldemokratische Partei Deutschlands), 6500 zählen zu den militanten Rechtsextremen (Skinheads), etwa 3500 sind in kleineren Splittergruppen organisiert. Nicht einbezogen in diese Rechnung werden bislang die 23 000 Mitglieder der Republikaner (REP). Laut jüngstem Verfassungsschutzbericht vom Juni 1994 weist die Partei allerdings eindeutige Anhaltspunkte für rechtsextremistische Bestrebungen auf: Mit für eine solche Agitation typischen Begriffen wie „planmäßige Überfremdung" oder „drohender Verlust der nationalen Identität durch ungebremste Überfremdungsversuche" wird die Saat der Gewalt gegen Ausländer gesät.

Diese offene Aggression, die sich in Überfällen und Brandanschlägen äußert, ist jedoch nur eine Ebene der türkenablehnenden Haltung in Deutschland. Viel häufiger ist es eine versteckte, subtile Form der Ablehnung, die viele Türken z. B. bei der Wohnungs- und Arbeitsplatzsuche zu spüren bekommen. Steht hinter dieser intoleranten Haltung häufig nur die Angst vor dem Unbekannten oder die Unkenntnis spezieller kultureller Elemente dieser Bevölkerungsgruppe? Ähnlich wie in der öffentlichen Diskussion gelten auch bei Behörden und sonstigen Institutionen die Türken nach wie vor als die ausländische Bevölkerungsgruppe, die am schwersten zu integrieren ist. Argumentiert wird zumeist mit der großen Diskrepanz zwischen der deutschen und der türkischen Kultur. Diese Unterschiedlichkeit der Kulturen war allerdings weder für die Anwerber noch die Angeworbenen ein Thema. Mögliche Kulturkonflikte spielten in der ersten Phase der Einwanderung, bei der von einem etwa zweijährigen Aufenthalt der türkischen Arbeitskräfte ausgegangen wurde, keine Rolle. Beide Seiten betrachteten den Aufenthalt als nur kurzfristig, so daß Verkauf und Kauf der Arbeitskraft im Mittelpunkt des beiderseitigen Interesses standen. Kaum einer der deutschen Verantwortlichen interessierte sich ernsthaft für Kultur und Lebensweise der Angeworbenen.

## *Anatolien – Istanbul – Deutschland*

Was waren das für Menschen, die ihre Arbeitskraft den Deutschen und anderen Europäern verkauften? Was trieb sie dazu, fernab der Heimat, in einer für sie völlig fremden Welt, zunächst ohne Familie und Freunde, unter zahlreichen Entbehrungen und mit großem Heimweh zu arbeiten? Woher kamen sie?

Hierauf mit „aus der Türkei" zu antworten, wäre so richtig wie ungenau. Die meisten der türkischen Arbeitskräfte in der Bundesrepublik Deutschland stammten ursprünglich aus dem Süden und Osten der Türkei. Diese Region gilt heute wie damals als extrem unterentwickelt. Die tausend Kilometer entfernte türkische Zentralregierung in Ankara zeigte kaum Interesse an einem wirtschaftlichen Engagement für diese Region des Landes. Darüber hinaus beherrschten Großgrundbesitzer weite Teile des Südostens der Türkei. Deren Macht erstreckte sich bei weitem nicht auf rein wirtschaftliche Angelegenheiten, sondern ähnelte in elementaren Strukturen dem mittelalterlichen Feudalsystem in Europa. Die Bewohner im Machtbereich der Großgrundbesitzer wurden z. T. wie Leibeigene behandelt und hatten in der Regel keine Perspektiven, sich wirtschaftlich oder sozial zu emanzipieren. Dieses Thema ist in der Literatur am anschaulichsten in den Werken Yaşar Kemals verarbeitet worden, so auch in dem Buch „Ince Mehmed" (Mehmed, mein Falke).

## Metropolen als Magnete

So trieben neben einer hoffnungslos erscheinenden Wirtschaftslage auch die halb-feudalen Sozialstrukturen zahlreiche Menschen in die wirtschaftlich attraktiveren Regionen der Türkei. Die ersten Binnenmigranten, die in den fünfziger Jahren in die Städte zogen, behielten ihre agrarisch geprägte Lebensweise bei. Das Dorf war weiterhin ein wichtiger Bezugspunkt, aus dem z. B. Nahrungsmittel besorgt wurden. Mit der industriellen Entwicklung in den sechziger und siebziger Jahren stellten die Binnenmigranten das Gros der ungelernten Arbeiter, die die am schlechtesten bezahlten Arbeiten durchführten. Viele, die aus eher ländlich geprägten Gegenden der Türkei in die Metropolen strebten, konnten dort ihren Traum von einer Arbeit und einem besseren Leben nicht erfüllen. Die Metropolen, die wie Magnete die Menschen aus dem ganzen Land anzogen, erwiesen sich für viele eher als Fata Morgana denn als wirtschaftliche Oase. Die Neuankömmlinge trafen auf eine städtische Gesellschaft, die wenig Bedarf an ungelernten Arbeitskräften hatte. Die meisten hatten zuvor ausschließlich in der Landwirtschaft gearbeitet, die durch saisonal bestimmte Arbeitsabläufe, zeitlich ungeregelte Tagesabläufe und mangelnde Effektivität gekennzeichnet war. Andere waren im Kleinhandel beschäftigt gewesen oder hatten in unregelmäßigen Abständen saisongebundene Arbeiten verrichtet. Dies betraf insbesondere die aus Südostanatolien und aus den Mittelmeerregionen stammenden Türken. Zudem waren die Zentren überfüllt mit arbeit- und unterkunftsuchenden Menschen aus allen Teilen der Türkei. Es entstanden sogenannte *Gecekondus* (von türk.: „über Nacht gebaut"), Elendsviertel, deren Zahl sich in wenigen Jahren vervielfachte und deren armselige Hütten den Ärmsten der Armen wenigstens ein Dach über dem Kopf boten. Städte wie Istanbul vervielfachten ihre Bevölkerung innerhalb weniger Jahre. 1961 lebten in Istanbul 1,4 Millionen Einwohner; 1992 waren es 10,7 Millionen Menschen. Diese Situation eines großen Teils der Bevölkerung erklärt die große Attraktivität von Arbeitsplätzen im Ausland.

## Pull- und Push-Faktoren

Die Wanderungsbewegung der Türken in die Bundesrepublik ist Resultat des Zusammenwirkens verschiedener Pull- und Push-Faktoren.

Die perspektivlose wirtschaftliche Situation der erwerbstätigen Bevölkerung in Südostanatolien führte zu Beginn der fünfziger Jahre zu einer verstärkten Landflucht. Beschleunigt wurde diese Entwicklung durch die sich mit jeder neuen Generation verkleinernden Ackerflächen (Realteilung).

Die Landwirtschaft, in der 1960 noch 74,9% der Erwerbstätigen arbeiteten, konnte die rasch ansteigende Bevölkerung und die aufgrund agartechnischer Neuerungen freigesetzte Arbeitskraft nicht mehr in ausreichendem Maße absorbieren. (1948 hatte die agrartechnische Modernisierung der Landwirtschaft aus Mitteln des Marshallplans begonnen.) Schon 1970 war der Anteil der in der Landwirtschaft Beschäftigten auf 66% gesunken (Türkei Sozialkunde, 1994:36).

*Tabelle 1:* Traktoren und Mähdrescher 1950–80

|  | 1950 | 1960 | 1970 | 1975 | 1980 |
|---|---|---|---|---|---|
| Traktoren aller Typen | 40000 | 40000 | 106000 | 242000 | 436000 |
| Mähdrescher | 5000 | 8000 | 11000 | N.N. | 14000 |

*Quelle:* Grothusen, K. D. (Hg.): Südosteuropa Handbuch, Bd. IV Türkei. Göttingen 1985, S. 400.

Realteilung und neue Entwicklungen in der Landwirtschaft setzten also Arbeitskräfte frei, die die Wanderung in die türkischen Großstädte verstärkten. Der Anteil der Stadtbewohner stieg von 31,9% im Jahre 1960 auf 43,9% 1980. Bald waren die industriellen Zentren nicht mehr in der Lage, die Arbeitssuchenden zu absorbieren. Verelendung und Perspektivlosigkeit der rasch anwachsenden Gecekondu-Bevölkerung waren die Folgen.

Diesen Push-Faktoren standen als Pull-Faktoren die Bedürfnisse der westeuropäischen Industrien nach billigen, schnell ver-

*Tabelle 2:* Türkische Wohnbevölkerung in der Bundesrepublik Deutschland und ihre Wachstumsquoten, verteilt nach Jahren

| Jahr | Türk. Wohnbevölkerung | Wachstumsquote in % |
|---|---|---|
| 1960 | 2 700 | – |
| 1961 | 6 800 | 152,0 |
| 1962 | 15 300 | 125,0 |
| 1963 | 27 100 | 77,1 |
| 1964 | 85 200 | 214,4 |
| 1965 | 132 800 | 56,0 |
| 1966 | 161 000 | 21,2 |
| 1967 | 172 400 | 7,1 |
| 1968 | 205 400 | 19,1 |
| 1969 | 322 400 | 57,0 |
| 1970 | 469 200 | 46,0 |
| 1971 | 652 800 | 39,1 |
| 1972 | 712 300 | 9,1 |
| 1973 | 910 500 | 28,0 |
| 1974 | 910 500 | – |
| 1975 | 1 077 100 | 18,3 |
| 1976 | 1 079 300 | 0,2 |
| 1977 | 1 118 000 | 4,0 |
| 1978 | 1 165 100 | 4,2 |
| 1979 | 1 268 300 | 9,0 |
| 1980 | 1 462 400 | 15,3 |
| 1981 | 1 546 300 | 6,0 |
| 1982 | 1 580 700 | 2,2 |
| 1983 | 1 552 300 | −2,0 |
| 1984 | 1 425 800 | −8,1 |
| 1985 | 1 400 400 | −2,0 |
| 1986 | 1 425 721 | 2,0 |
| 1987 | 1 481 369 | 4,0 |
| 1988 | 1 523 678 | 3,0 |
| 1989 | 1 612 632 | 6,0 |
| 1990 | 1 694 649 | 5,1 |
| 1991 | 1 779 586 | 5,0 |
| 1992 | 1 854 945 | 4,2 |
| 1993 | 1 918 000 | 3,3 |

*Quelle:* Jahrbücher des Statistischen Bundesamts Wiesbaden mehrerer Jahrgänge.

fügbaren Arbeitskräften gegenüber. Um die so dringend benötigten Arbeitskräfte in die Industriezentren Westeuropas zu transferieren, hatte allein die Bundesrepublik zeitweise 500–600 Vermittlungsbüros in den Anwerbeländern eingerichtet. Die Mitarbeiter der Bundesanstalt für Arbeit warben vor Ort Arbeitskräfte für die heimischen Industrien an (Cohn-Bendit, 1993:99). Tageszeitungen wie „Hürriyet" berichteten ausführlich über die Lebens-, Arbeits- und Verdienstbedingungen in der Fremde (Kartal 1990). Nicht zu unterschätzen ist die Rolle der „Mund-zu-Mund-Propaganda". Die Schilderungen der schon im Ausland arbeitenden Türken, gekoppelt mit den sichtbaren Zeichen des neuen Wohlstandes (großes Auto, Fernseher etc.), erleichterten die Entscheidung vieler Türken, die wirtschaftlichen Vorteile eines Arbeitsaufenthalts in der Bundesrepublik Deutschland zu nutzen.

Günstig wirkte sich 1961 das Inkrafttreten der neuen türkischen Verfassung aus. Artikel 18 erlaubte es türkischen Bürgern erstmalig, ins Ausland zu reisen. Diese Möglichkeit wurde von zahlreichen Arbeitnehmern genutzt, als das Arbeitskräfteabkommen zwischen der Bundesrepublik und der Türkei, das im gleichen Jahr unterschrieben wurde, in Kraft trat.

Bei den nach Deutschland migrierenden Türken handelte es sich in der Mehrzahl um solche, die bereits eine Binnenwanderung innerhalb der Türkei hinter sich hatten. Vor der Anwerbung durch deutsche Unternehmen lebten diese Menschen zunächst meist zwei bis drei Jahre in türkischen Großstädten wie Istanbul, Ankara oder Izmir. Dort warteten und hofften sie auf die Vermittlung durch das türkische Arbeitsamt oder durch deutsche Stellen vor Ort.

Vor dem Hintergrund der oben geschilderten Situation wollten die ersten türkischen Arbeitnehmer, die in die Bundesrepublik Deutschland kamen, nach einem begrenzten Aufenthalt mit ihren Ersparnissen und nach Möglichkeit mit neu erworbenen Fachkenntnissen wieder in die Türkei zurückkehren, um sich dort eine selbständige Existenz aufzubauen. Hierbei standen individuelle Investitionen im Vordergrund. Während der sechziger Jahre gründeten die türkischen Rückkehrer hauptsächlich selbständige Unternehmen wie Handwerksbetriebe, Taxiunternehmen, Kaffeehäuser und Lebensmittelgeschäfte. Außerdem wurde in den Erwerb von Eigentumswohnungen und Grundstücken in den Großstädten sowie in den Kauf landwirtschaftlicher Maschinen und den Erwerb von Boden in ländlichen Gebieten investiert.

## Volkswirtschaftliche Bedeutung der „Auslandstürken"

Mit der wachsenden Zahl türkischer Arbeitnehmer in den Industrieländern Westeuropas (kleinere Gruppen emigrierten auch in die arabischen Staaten) wuchs auch für die Türkei die volkswirtschaftliche Bedeutung ihrer „Auslandstürken". Durch die Abwanderung von Arbeitskräften wurde in der Türkei nicht nur die Arbeitslosigkeit in den sechziger Jahren gedämpft, der Geldtransfer der im Ausland tätigen Türken diente

*Tabelle 3:* Geldtransfer türkischer Arbeiter in die Türkei zwischen 1964 und 1992

| Jahr | Geldtransfer in Mrd. Dollar |
|---|---|
| 1964–1975 | 5,9279 |
| 1976–1980 | 6,653 |
| 1981 | 2,500 |
| 1982 | 2,1866 |
| 1983 | 1,5536 |
| 1984 | 1,8812 |
| 1985 | 1,7742 |
| 1986 | 1,696 |
| 1987 | 2,102 |
| 1988 | 1,865 |
| 1989 | 3,229 |
| 1990 | 3,337 |
| 1991 | 2,819 |
| 1992 | 3,008 |

*Quelle:* Yurtdışı Işçi Hizmetleri Genel Müdürlüğü, 1990 Yılı Raporu, Anakra 1991, p. 167; The İstanbul Chamber of Commerce, Economic Report, Publication No. 1991-28, p.148; Türkiye in Figures, Turkish Confederation of Employer Associations (Publ.), Ankara, May 1993.

dem türkischen Staat darüber hinaus zum Ausgleich seines hohen Außenhandelsdefizits. Die Summe der Überweisungen der Auslandstürken erreichte in manchen Jahren fast die Einnahmen des türkischen Staates aus Exporten. So führte die Türkei 1974 für 1,532 Milliarden Dollar Waren aus, während im gleichen Jahr 1,426 Milliarden Dollar von den Auslandstürken überwiesen wurden. Im Laufe der Jahre und mit steigender

*Tabelle 4:* Vergleich der Höhe der Überweisungen der türkischen Arbeitsmigranten in die Türkei mit türkischen Importen und Exporten (in Millionen Dollar)

| Jahr | Überweisungen | Importe | Exporte | Vergleich Importe | Vergleich Exporte |
|---|---|---|---|---|---|
| 1970 | 273 | 948 | 589 | 28% | 46% |
| 1971 | 471 | 1171 | 677 | 40% | 69% |
| 1972 | 740 | 1563 | 885 | 47% | 84% |
| 1973 | 1183 | 2086 | 1317 | 57% | 90% |
| 1974 | 1426 | 3778 | 1532 | 38% | 93% |
| 1975 | 1312 | 4739 | 1401 | 28% | 93% |
| 1976 | 983 | 5129 | 1960 | 19% | 50% |
| 1977 | 982 | 5796 | 1753 | 17% | 56% |
| 1978 | 983 | 4599 | 2288 | 21% | 43% |
| 1979 | 1634 | 5069 | 2261 | 32% | 72% |
| 1980 | 2071 | 7667 | 2910 | 27% | 71% |
| 1981 | 2500 | 8900 | 4700 | 28% | 53% |
| 1982 | 2186 | 8843 | 5746 | 25% | 38% |
| 1983 | 1553 | 9235 | 5728 | 17% | 27% |
| 1984 | 1881 | 10757 | 7133 | 18% | 26% |
| 1985 | 1774 | 11613 | 7958 | 15% | 22% |
| 1986 | 1696 | 11105 | 7457 | 15% | 23% |
| 1987 | 2102 | 14158 | 10190 | 15% | 21% |
| 1988 | 1865 | 14335 | 11662 | 13% | 16% |
| 1989 | 3229 | 15792 | 11625 | 20% | 28% |
| 1990 | 3337 | 22302 | 12960 | 15% | 26% |

*Quelle:* Turkish Central Bank, 1986; The Istanbul Chamber of Commerce, Economic Report, Publication No. 1991-28, S. 131, 148 ff.; Akbank, Cumhuriyet Döhemi Türkiye Ekonomist, 1923–1978, Istanbul 1980, S. 381.

*Abb. 1:* Der 500 000. türkische Gastarbeiter, der 24jährige Nesati Güven von der türkischen Schwarzmeerküste, traf am 21. Juli 1972 auf dem Flughafen München-Riem ein. Generalkonsul Metin Kusdaloglu hieß ihn in München willkommen.

Verbleibabsicht der Türken in Europa sank jedoch die volkswirtschaftliche Bedeutung der Überweisungen.

Anders als vermutet brachte der ständige Zustrom der Überweisungen der Auslandstürken in die Türkei nicht die ökonomische Entwicklung, die zu einem Aufschwung in allen Bereichen der Wirtschaft und damit zum Stopp der Migration hätte führen können. In den industriellen Sektor wurde nur ein kleiner Teil investiert. Die weitaus meisten Investitionen wurden im privaten Bereich – langlebige Konsumgüter, Grund- und Hauserwerb, landwirtschaftliche Nutzgüter etc. – getätigt. Dadurch wurde nur kurzfristig die Nachfrage in bestimmten Bereichen angekurbelt.

## Ölschock und Anwerbestopp

Im November 1973 – damals lebten 910 500 Türken in der Bundesrepublik – verfügte die Bundesregierung einen Anwerbestopp für Ausländer, die nicht aus Mitgliedstaaten der Europäischen Gemeinschaft kamen. Dieser Beschluß resultierte aus der Ölpreisexplosion im Herbst 1973 und der sich andeutenden Rezession.

Ziel des Anwerbestopps war es, langfristig die Zahl der Ausländer in Deutschland zu verringern. Dies wurde nicht erreicht. Anders als in den Jahren zuvor, als den Türken die Möglichkeit offengestanden hatte, nach einer Rückkehr in die Türkei doch wieder nach Deutschland zurückzukommen, gab es nun nur noch die Möglichkeit, entweder für immer zurückzukehren oder auf längere Sicht in der Bundesrepublik zu bleiben. Dies verstärkte den Wunsch, die Familien nachzuholen. So wurden zwar keine Arbeitskräfte mehr angeworben, und in den Folgejahren verringerte sich die Anzahl der in der Bundesrepublik lebenden Ausländer insgesamt, der Anteil der türkischen Wohnbevölkerung nahm jedoch zu. Während beispielsweise die Zahl der Griechen in der Bundesrepublik Deutschland nach dem Anwerbestopp von 1973 bis 1981 um 193 500 und die der Spanier um 77 800 zurückging, stieg die Zahl der Türken im selben Zeitraum um 436 500 Personen.

## Familienzusammenführung

Ursache war das seit Ende der sechziger Jahre veränderte Zuwanderungsverhalten. Bis zu diesem Zeitpunkt setzte sich die Gruppe der Türken in der Bundesrepublik überwiegend aus männlichen Arbeitnehmern zusammen. Bald zeichnete sich ab, daß das ursprünglich geplante „Rotationsmodell" nicht rentabel war. Die deutsche Wirtschaft wollte keine gerade angelernten Arbeiter durch neu eingereiste ungelernte Kräfte ersetzen, und die Arbeitsmigranten erkannten, daß die ursprünglich angesetzte Zeit in Deutschland nicht reichte, genügend Geld zu sparen, um in der Türkei einer selbständigen Arbeit nachgehen zu können. Sie richteten sich darauf ein, längere Zeit in der Bundesrepublik zu verbringen, und begannen, ihre Familien nach Deutschland nachzuholen. Dabei konnten sie sich auf zahlreiche internationale Abkommen stützen:

– Artikel 19 der *Europäischen Sozialcharta* besagt:

„Um die wirksame Ausübung des Rechtes der Wanderarbeitnehmer und ihrer Familien auf Schutz und Beistand im Hoheitsgebiet jeder anderen Vertragspartei zu gewährleisten, verpflichten sich die Vertragsparteien ... 6. soweit möglich, die Zusammenführung eines zur Niederlassung im Hoheitsgebiet berechtigten Wanderarbeitnehmers mit seiner Familie zu erleichtern."

– Artikel 8 der *Europäischen Menschenrechtskonvention* sichert das Recht des Lebens in einer Familie.

– Am 12. September 1962 trat das *Assoziierungsabkommen* zwischen der EWG und der Türkei in Kraft. Das *Zusatzprotokoll* vom 23. November 1970 besagte:

„Die Freizügigkeit der Arbeitnehmer zwischen den Mitgliedstaaten der Gemeinschaft und der Türkei wird nach den Grundsätzen des Art. 12 des Assoziierungsabkommens zwischen dem Ende des 12. und dem Ende des 22. Jahres nach dem Inkrafttreten des genannten Abkommens schrittweise hergestellt."

– Neben diesen europäischen Bestimmungen gibt es zahlreiche Abkommen des *internationalen Völkerrechtes,* die ebenfalls ein Recht auf Familie garantieren.

Diese Möglichkeit wurde besonders von der türkischen Wohnbevölkerung in der Bundesrepublik Deutschland wahrgenommen, die in der Folge unvermindert zunahm. Im Jahre 1980 näherte sich die Zahl der Zuzüge mit 212 200 der Rekordzahl des Jahres 1973. Erst ab 1981 läßt sich ein Rückgang bei den Zuzügen türkischer Familienangehöriger beobachten, bedingt durch eine restriktive Ausländerpolitik, die das Familienzusammenführungsalter am 2. 12. 1981 von achtzehn auf sechzehn Jahre herabsetzte.

Während der Durchführung des Rückkehrförderungsgesetzes von 1983 bis Mitte 1984 kamen lediglich 42 200 Türken in die Bundesrepublik Deutschland. In den achtziger Jahren pendelte sich die Zahl der in der Bundesrepublik lebenden Türken mit leichten Schwankungen bei zirka 1,5 Millionen ein; gegen Ende der achtziger/Anfang der neunziger Jahre ist ein weiterer Zuwachs bis zum heutigen Stand von 1,918 Millionen zu verzeichnen.

Durch den Familiennachzug wurde die deutsche Gesellschaft mit einem für sie neuen Phänomen konfrontiert. Sie mußte plötzlich feststellen, daß die sozialen Folgen der Migration bisher nicht berücksichtigt worden waren. Schulen, Kindergärten und Behörden waren auf diese neue Gruppe nicht eingestellt. Die schulische und berufliche Integration der türkischen Jugendlichen stellte neue Herausforderungen an die Institutionen. Das oft zitierte Wort des Schweizer Schriftstellers Max Frisch „Wir haben Arbeitskräfte geholt und Menschen sind gekommen" traf in dieser Phase verstärkt zu. Erst allmählich drangen die Folgen der Migrationsbewegung ins Bewußtsein der Öffentlichkeit und der verantwortlichen Stellen.

Als Mitte der siebziger Jahre viele türkische Jugendliche als Seiteneinsteiger in die Bundesrepublik kamen, reagierten offizielle Stellen mit „Maßnahmen zur Berufsvorbereitung und sozialen Eingliederung (MBSE)". Die Erfolge waren unterschiedlich. In den Vorbereitungsklassen wurde nicht nach der schon in der Türkei durchlaufenen Ausbildung unterschieden. Gymnasialschüler, Hauptschüler und Jugendliche der Mittelstufe besuchten gemeinsam Kurse, die sie auf eine Berufsausbildung vorbereiten sollten. Die Heterogenität der Jugendlichen wurde nicht berücksichtigt. Ferner waren die Maßnahmen zu kurzfristig angelegt, als daß sie den Erfordernissen der türkischen Jugendlichen hätten gerecht werden können. 1985 wurde das Programm eingestellt.

Heute besuchen ausländische Schüler und Schülerinnen, von denen die Mehrzahl bereits in der Bundesrepublik geboren wurde, alle Schultypen. Der Anteil aller ausländischer Kinder an der Gesamtzahl aller Schüler betrug 1991 10,7 %. 1970 lag diese Prozentzahl erst bei 1,7 % und 1980 bei 6,3 %.

*Tabelle 5:* Verteilung der ausländischen und türkischen Schüler an allgemeinbildenden Schulen 1991 nach Schularten (in Prozenten)

|  | GS | HS | RS | GYM | SS | Sonst. Schulen | Schüler insgesamt |
|---|---|---|---|---|---|---|---|
| Ausländer | 37,3 | 26,4 | 9,0 | 10,1 | 5,8 | 11,4 | 800 241 |
| Türken | 36,6 | 29,3 | 8,2 | 6,4 | 6,7 | 12,8 | 360 912 |

GS: Grundschule   HS: Hauptschule   RS: Realschule
GYM: Gymnasium   SS: Sonderschule

*Quelle:* Statistisches Bundesamt 1993 und Statistische Veröffentlichungen der Kultusministerkonferenz, Nr. 121 April 1993 und Nr. 122 Juli 1993.

Die Strukturen in der türkischen Bevölkerung änderten sich rapide: Während im Jahr 1972 etwa 83 % der Türken in der Bundesrepublik sozialversicherungspflichtige Beschäftige waren, sind gegenwärtig nur noch ca. 33 % der Türken in der Bundesrepublik Arbeitnehmer, 65 % sind Familienangehörige, die in keinem Beschäftigungsverhältnis stehen. Die restlichen Prozente verteilen sich auf selbständige Unternehmer bzw. mithelfende Familienangehörige.

## Rückkehrförderung

Jahrelang gingen nach Abschluß der ersten Anwerbeverträge sowohl die Arbeitsmigranten als auch die offiziellen Stellen davon aus, der Aufenthalt in der Bundesrepublik sei ein zeitlich begrenzter. Repräsentative Untersuchungen zeigten, daß Rückkehrabsichten bestanden, die jedoch durch verschiedene Umstände immer wieder aufgeschoben wurden. Die Kinder sollten zuerst die Ausbildung beenden, die Eltern genügend Geld gespart und die ökonomische Situation in der Heimat sollte sich verbessert haben. Um finanzielle Anreize für die Rückkehr zu geben, verabschiedete die bundesdeutsche Regierung am 28. November 1983 das „Gesetz zur Förderung der Rückkehrbereitschaft von Ausländern", das sogenannte Rückkehrförderungsgesetz. Es legte fest, daß die zwischen dem 31. Oktober 1983 und dem 30. September 1984 in ihre Heimatländer zurückkehrenden Jugoslawen, Türken, Spanier, Portugiesen, Marokkaner, Tunesier und Koreaner unter bestimmten Umständen eine Rückkehrhilfe von 10500 DM zuzüglich 1500 DM für jedes Kind erhalten konnten. Außerdem wurden selber eingezahlte Rentenversicherungsbeiträge ohne Wartezeit, abzüglich des Arbeitgeberanteils, ausgezahlt. Während der Durchführung des Rückkehrförderungsgesetzes 1983 und in der ersten Hälfte des Jahres 1984 kehrten rund 250000 Ausländer – hauptsächlich Türken – in ihre Heimat zurück. Im Rahmen der Familienzusammenführung kamen 1983 lediglich 27800 und 1984 14400 Türken nach Deutschland.

Das Gesetz wurde neben ökonomischen Erwägungen auch im Hinblick darauf verabschiedet, daß man der türkischen Wohnbevölkerung die Fähigkeit zur Integration in ein christlich geprägtes westeuropäisches Land absprach. Das Gesetz wurde der Öffentlichkeit unter maßgeblichem Einfluß führender Boulevardzeitungen in verzerrter Weise dargestellt. Die Möglichkeit, mit 10500 DM pro Erwachsenem und 1500 DM pro Kind in die Türkei zurückzukehren, schürte den Sozialneid. Über die menschlichen und auch ökonomischen Folgen für die Migranten erfuhr das Gros der deutschen Bevölkerung nichts. Für viele Kinder, die einen großen Teil ihrer Schulzeit in Deutschland verbracht hatten, war es ein Abschied für immer, da sich die Familien verpflichten mußten, nur im Familienverband und ohne Möglichkeit eines erneuten Zuzugs in die Bundesrepublik in ihre Heimat zurückzukehren.

Familien, die jahrelang in der Bundesrepublik gearbeitet hatten, bekamen nur das ausgezahlt, was sie selbst im Laufe der Jahre in die gesetzliche Rentenversicherung eingezahlt hatten. Der Anteil des Arbeitgebers wurde nicht ausgezahlt, und der Rückkehrer verzichtete auf jegliche Ansprüche bezüglich einer späteren Rente. Dies war eine folgenschwere Entscheidung, zumal sich viele der Modelle, die zur Eingliederung der ehemaligen Arbeitsmigranten in der Türkei entworfen wurden, als Mißerfolg erwiesen.

*Gescheiterte Reintegrationsmodelle*

Verschiedene Reintegrationsmodelle in der Türkei, die seit Beginn der Wanderungsbewegung zum Teil mit Unterstützung der Bundesregierung entwickelt wurden, scheiterten aus unterschiedlichen Gründen:

– Der Versuch, türkische Rückkehrer wieder in das Berufsleben einzugliedern, erwies sich aufgrund der hohen Arbeitslosigkeit und der großen Bevölkerungswachstumsrate in der Türkei als schwierig.

– Die ständig steigende Inflationsrate und die Marktbedingungen in der Türkei, die den Rückkehrern weitgehend unbekannt waren, sorgten in vielen Fällen für das Scheitern ihrer individuellen Investionen.

– Hinzu kam eine starke Investionstätigkeit der türkischen Großholdings. Durch die Machtkonzentration und die stärkere Kapitaldecke in den von ihnen besetzten Branchen waren Unternehmen mit geringem Eigenkapital von vornherein zum Scheitern verurteilt.

*Das Modell Arbeitnehmergesellschaften*

Neben den Versuchen einer individuellen Reintegration entwickelten die Türken selbst ab 1966 kollektive Rückkehrstrategien. Türkische Arbeiter, die aus derselben Gegend in der Türkei stammten oder aber in denselben Unternehmen in Deutschland gearbeitet hatten, schlossen sich zu Arbeitnehmergesellschaften zusammen. Dies geschah zur Förderung der Reintegration türkischer Arbeitnehmer, zur Schaffung und Bereitstellung von Arbeitsplätzen sowie in der Hoffnung, dadurch zur Industrialisierung der Türkei beizutragen. Mit diesen Zielsetzungen wurde 1966 die erste Arbeitnehmergesellschaft „Türksan" in Köln mit mehr als 2200 Aktionären gegründet. Das Grundkapital betrug 10 Millionen TR. Die Gesellschaft vergrößerte sich rasch und bestand 1978 aus 7000 Mitgliedern in der Bundesrepublik (80 %), Holland, Belgien und der Schweiz. „Türksan" setzte sich aus „Türksan I – Bauwesen", „Türksan II – Papierfabrik", „Türksan III – Tourismus" und einer in diese Gesellschaft eingegliederten Charterflug-GmbH zusammen.

Im Anschluß an diese Unternehmensgründung entstanden zahlreiche weitere Arbeitnehmergesellschaften. Ihre Zahl stieg bis 1972 auf 28 bei einer Aktionärszahl von 28 220 Einzelpersonen. Im Jahr 1975 gab es bereits 56 solcher Gesellschaften. 1983 stieg die Zahl auf 322 Arbeitnehmergesellschaften, an denen 345 000 Aktionäre beteiligt waren, von denen 154 800 noch in Deutschland arbeiteten. Von seiten der Aktionäre, d.h. von den in Deutschland arbeitenden türkischen Arbeitnehmern, bestand die Hoffnung, sich durch diese Investitionen einen sicheren Arbeitsplatz nach der Rückkehr zu schaffen. Die Theorie war logisch und einfach. Das hier erarbeitete Kapital wurde direkt in Genossenschaften und Unternehmungen investiert, die im Heimatland zum einen den wirtschaftlichen Aufschwung in Gang setzen und zum anderen Arbeitsplätze für den Investor und seine Angehörigen schaffen sollten. Wie so häufig klafften Theorie und praktische Umsetzung weit auseinander. Obwohl das Investitionsvolumen insgesamt über zwei Milliarden DM betrug, scheiterten diese Gesellschaften.

Dafür gab es vielfältige Gründe. Viele Arbeitnehmergesellschaften investierten in den Gegenden, aus denen sie ursprünglich emigriert waren – oft Gebiete mit schlechter Infrastruktur und geringen Transport- und Absatzmöglichkeiten. Das wirtschaftliche Engagement in diesen Regionen führte nicht zu dem erhofften Maß an Industrialisierung der ländlichen Gebiete. Die Ansiedlung der Arbeitnehmergesellschaften konnte lediglich dort Impulse weitervermitteln, wo bereits erste Ansätze einer Industrialisierung vorhanden waren. Zahlreiche Arbeitnehmergesellschaften wählten falsche Projekte. Hinzu kamen Engpässe bei der Rekrutierung fachkundigen Managements, lange Zeiträume zwischen Planung und Realisierung und vor allem Probleme bei der Kreditbeschaffung. Ende 1993 existierten nur noch 20 Prozent der gegründeten Arbeitnehmergesellschaften.

## 2. Türkische Arbeitnehmer und Arbeitgeber

In der Bundesrepublik Deutschland leben heute etwa 1,918 Millionen Türken. Sie bilden damit die größte Ausländergruppe in Deutschland. Die demographische Zusammensetzung der türkischen Bevölkerung unterscheidet sich von der der Deutschen: zirka 55 % der hier lebenden Türken sind männlich. (Im Vergleich: 48 % der Deutschen sind männlich.) Insgesamt sind die Türken eine junge Bevölkerungsgruppe: Nach jüngsten verfügbaren Daten aus dem Jahr 1993 ist etwa die Hälfte von ihnen zwischen 25 und 45 Jahre alt, nur zirka 5 % sind älter als 60.

Diese Zahlen verdeutlichen auch, wie stark sich in den letzten Jahrzehnten die Strukturen innerhalb der türkischen Bevölkerung verschoben haben. Zunächst waren in den sechziger Jahren, mit Blick auf die defizitäre Situation auf dem Arbeitskräftemarkt, vorwiegend junge Männer (z.T. auch junge Frauen) angeworben worden, die ohne ihre Familienangehörigen in Deutschland lebten und arbeiteten.

Mittlerweile ist unumstritten, daß nicht nur die deutsche Industrie von der Arbeitskraft dieser durchschnittlich 25- bis 30jährigen Männer und Frauen profitierte, sondern insbesondere auch das deutsche Sozialversicherungssystem. Die erheblichen Aufwendungen der türkischen Arbeitnehmer, die in der Beitragszahlung zur Arbeitslosen-, Renten- und Krankenversicherung den Deutschen gleichgestellt sind, sowie die äußerst geringe Inanspruchnahme dieser Leistungen seitens der Türken führte zu einer zumindest teilweisen Entlastung des Sozialversicherungssystems in Deutschland. Die Belastung der sozialen Infrastruktur war deshalb so gering, weil etwa bis zum Jahr 1972 die türkische Bevölkerung zu ca. 83 % aus beschäftigten Arbeitnehmern bestand. Nichterwerbstätige Familienangehörige, die Leistungen aus dem sozialen Topf hätten in Anspruch nehmen können, lebten zum größten Teil in der Türkei. Die erste Generation der angeworbenen Ausländer stand mitten im Berufsleben und nahm noch keine Rentenzahlungen in Anspruch. So zahlten Türken in die deutsche Rentenversicherung und finanzierten über ihre Beiträge soziale Einrichtungen wie Kindergärten, Krankenhäuser, Bildungseinrichtungen usw., nahmen diese, zumindest in den ersten Jahren der Migration, aber kaum in Anspruch.

*Beitrag zur deutschen Volkswirtschaft*

In den letzten Jahren hat ein Wandel stattgefunden. Die durchschnittliche Größe eines türkischen Haushaltes liegt heute mit 4,1 Personen über der deutscher Haushalte (2,35 Personen). 637 936 hier lebende Türken üben eine sozialversicherungspflichtige Beschäftigung aus, 37 000 sind Selbständige.

Gegenwärtig zahlen Türken jährlich mehr als als 3,4 Milliarden DM Lohn- und Einkommensteuer. Insgesamt trägt dieser Personenkreis mit Zahlungen von etwa 2,8 Milliarden DM in die gesetzliche Rentenversicherung, von mehr als 850 Millionen DM in die Arbeitslosen- und knapp 2,3 Milliarden DM in die Krankenversicherung dazu bei, daß der Bankrott des Sozialversicherungssystems in der Bundesrepublik Deutschland bisher aufgehalten wird. Darüber hinaus haben die türkischen Arbeitnehmer im Rahmen der Solidaritätsabgabe innerhalb eines Jahres 470 Millionen DM für den Aufbau der ehemaligen DDR bezahlt und werden ab Januar 1995 in dieser Hinsicht weiter ihren Beitrag leisten. Türken sind jedoch nicht nur Beitragszahler, sondern auch Verbraucher. Heute liegt das durchschnittliche Nettoeinkommen eines türkischen Haushalts bei 3650 DM. Die Gesamtnettoeinkünfte aller türkischen Arbeitnehmer in der Bundesrepublik Deutschland betragen damit zirka 18 Milliarden DM pro Jahr. Somit verbleibt nach Abzug regelmäßig anfallender Kosten wie Miete, Versicherungen etc. ein reines Konsumvolumen von ca. 10 Milliarden DM, das inzwischen zum größten Teil in Deutschland investiert wird.

## Türken als Konsumenten

Die Arbeitsmigration der sechziger Jahre war gekennzeichnet durch ein ausgeprägtes Sparverhalten der türkischen Arbeitnehmer. Wohnungs- und Lebenshaltungskosten wurden auf einem möglichst geringen Niveau gehalten, um einen großen Teil des Gehalts in die Türkei überweisen zu können, wo die dort lebende Familie auf die Überweisungen aus Deutschland angewiesen war. Mit der Änderung der Familienstrukturen wurde auch ein Wandel in der Konsumhaltung deutlich. Eine repräsentative Untersuchung des Zentrums für Türkeistudien aus dem Jahr 1992 zeigt, daß die türkischen Haushalte gegenüber den deutschen eine höhere Konsumneigung aufweisen.

Insbesondere bei alltäglichen Gebrauchsgütern, elektrischen und elektronischen Geräten und bei Kraftfahrzeugen liegt der Konsum der türkischen Haushalte deutlich über dem Pegel der deutschen Verbraucher. So ist in 66,9 % aller türkischen Haushalte ein PKW vorhanden, während lediglich 52,7 % der deutschen Haushalte ein Auto besitzen. 20,4 % der Türken (7,6 % der Deutschen) entschieden sich für einen Mercedes, nur 12,4 % für einen Volkswagen (21,4 % der Deutschen). Im Bereich der Elektronik setzt sich dieser Trend fort: In 61,52 % der türkischen Haushalte gibt es eine HiFi-Anlage (zum Vergleich: in 47,9 % der deutschen Haushalte).

Da türkische Haushalte durchschnittlich größer sind als deutsche, steigt auch der Bedarf an alltäglichen Gebrauchsgütern wie Waschmitteln, Geschirrspülmitteln etc. Ein Beispiel: In 77,19 % der türkischen Haushalte wird drei Mal täglich und öfter Geschirr gespült, während dies lediglich 10,7 % der deutschen Haushalte angaben.

Ihren Bedarf an alltäglichen Konsumgütern decken türkische Haushalte zu mehr als drei Vierteln in deutschen Geschäften, nur 23,3 % kaufen in erster Linie in türkischen Geschäften ein. Ohne noch stärker auf Einzelangaben einzugehen wird deutlich, daß Türken ihr in Deutschland erwirtschaftetes Geld nicht mehr ausschließlich sparen oder in die Türkei überführen, sondern zum größten Teil in die deutsche Wirtschaft einbringen, d. h. auf dem deutschen Markt verbrauchen und dadurch Arbeitsplätze für Deutsche und Ausländer erhalten und schaffen.

Gründe für die vergleichsweise hohe Konsumneigung der Türken sind in erster Linie auf neue Entwicklungen und Pläne im Leben der Türken in der Bundesrepublik zurückzuführen. Sparte die ältere Generation noch möglichst große Teile ihres Verdienstes in der Absicht, mit diesem Geld nach einigen Jahren in die Türkei zurückzukehren und dort eine sichere wirtschaftliche Existenz aufzubauen, so hat sich die zweite Generation zum überwiegenden Teil für den Verbleib in der Bundesrepublik entschlossen. Das erwirtschaftete Geld wird folglich nicht mehr in der Türkei, sondern in der Bundesrepublik in langfristigen Anlagen, Immobilien oder Konsumgütern investiert. Dieser Wandel wurde mitbeeinflußt durch die schlechten Erfahrungen vieler Remigranten, die in der Türkei trotz der mitgebrachten Ersparnisse nicht den erhofften wirtschaftlichen Erfolg hatten, sondern durch Fehlinvestitionen oder -spekulationen ihr Geld verloren.

Viele türkische Familien der zweiten und dritten Generation können nun von den Ersparnissen ihrer sparsamen Eltern profitieren. Damit verfügen viele Haushalte über ein relativ großes Guthaben, das in langlebigen Gütern wie Stereoanlagen, Computern u. ä. angelegt wird. Dabei zeigen sich gerade diese Verbraucher als äußerst qualitäts- und markenbewußt.

## *Ausländer auf dem Wohnungssektor*

Nachdem jahrzehntelang das in Deutschland erwirtschaftete Geld im Immobiliensektor in der Türkei investiert wurde, erwerben nun – bedingt durch die schwierige Situation auf dem deutschen Wohnungsmarkt, der für türkische Familien noch sehr viel problematischer ist als für Deutsche – immer mehr Türken Immobilien in Deutschland.

Knapp 11 % der insgesamt 467 000 türkischen Haushalte kauften ein Haus bzw. eine Wohnung in der Bundesrepublik. Diese Zahl wird sich bis zum Jahre 2000 vermutlich verdoppeln. Über 34,6 % der türkischen Haushalte, im Gegensatz zu lediglich 19 %

der Deutschen, schlossen einen Bausparvertrag ab: Bis Ende 1990 waren es 145 000 Bausparverträge, in die bisher bereits über 4,8 Milliarden DM eingezahlt wurden; sie lassen eine weitere Steigerung des Eigentumerwerbs erwarten.

Durch das Gesetz über die Wiedereingliederungshilfe im Wohnungsbau für rückkehrende Ausländer vom 18. Februar 1986 bemühte sich die Bundesregierung, für Ausländer aus Anwerbestaaten, die nicht Mitglied der Europäischen Gemeinschaft sind – damaliges Jugoslawien, Korea, Marokko, Türkei und Tunesien –, Anreize zur Rückkehr in ihre Heimat zu schaffen. In der Bundesrepublik angesparte Bauspardarlehen konnten künftig auch für Bauten in der Heimat verwandt werden. Die Ausländer mußten sich im Gegenzug verpflichten, spätestens vier Jahre nach Beginn der Auszahlung der Bausparsumme bzw. eines Darlehens zur Zwischenfinanzierung auf Dauer in ihre Heimat zurückzukehren. Die Verträge mußten bis zum 31. Dezember 1993 ausgezahlt oder zwischenfinanziert worden sein (Becker/Braasch, 1986:174).

Der Erfolg dieser Maßnahme war sehr mäßig. Von 145 000 Bausparern nahmen bisher lediglich 1500 das Angebot wahr. Die anderen wollten ihre Ziele in jedem Falle in der Bundesrepublik Deutschland realisieren. Zahlreiche Bausparkassen haben bereits auf diesen Trend reagiert und türkischsprachige Agenten und Berater eingestellt.

## *Mittelpunkte der Lebensplanung*

Die Zukunft der zweiten und dritten Generation der eingewanderten Türken liegt in Deutschland. Der Grad gesellschaftlicher Integration der in der Bundesrepublik Deutschland lebenden Türken stellt sich allerdings für die erste und die zweite Generation unterschiedlich dar. Für die erste Generation, die sich jetzt dem Rentenalter nähert, gilt: Trotz all ihrer Bemühungen hat sie ihre Anpassungsschwierigkeiten nicht überwinden können, im wesentlichen bedingt durch fehlende Deutschkenntnisse und eine starke Verbundenheit mit dem Heimatland.

Allgemein ist davon auszugehen, daß die Rückkehrabsichten der Türken sehr stark zurückgehen. Im Jahr 1986 wollten insgesamt 61,5 % der Türken für immer in Deutschland bleiben. 1992 durchgeführte Untersuchungen zeigten, daß bereits 83 % der Türken nicht mehr in ihr Heimatland zurückkehren wollen. Dabei war der Anteil der Rückkehrwilligen in der ersten Generation erheblich höher als der in der zweiten Generation. Die Gründe gegen eine mögliche Rückkehrentscheidung sind vielfältig: Die meisten Arbeitsmigranten leben in einem festen Familienverbund in Deutschland und können es sich nicht vorstellen, ohne Kinder oder Enkelkinder zurückzukehren. Die harte körperliche Arbeit, die vor allem die Angehörigen der ersten Generation in Deutschland leisten mußten, verursachte zahlreiche körperliche Gebrechen, die ständiger ärztlicher Betreuung bedürfen. Für viele Migranten ist die gute medizinische Versorgung in der Bundesrepublik zu einem Faktor geworden, der eine endgültige Rückkehr in die Türkei nicht ratsam erscheinen läßt. Hinzu kommt eine durch jahrelange Abwesenheit verursachte Entfremdung von der Ursprungsgesellschaft und deren sozialen Strukturen.

Trotzdem steht die Türkei bis heute im Mittelpunkt der Lebensplanung zumindest der ersten Generation. Die meisten wollen den Lebensabend nach wie vor im Heimatland verbringen; sie pflegen dort weiterhin viele nachbarschaftliche und verwandtschaftliche Kontakte. Bei dieser Gruppe setzt sich eine doppelte Lebensplanung durch. Sie ist gekennzeichnet durch ein Pendeln zwischen der Türkei und Deutschland im Abstand von etwa sechs Monaten. Als Hauptmotive für dieses Pendeln werden einerseits vorwiegend die Kinder genannt, die in der Bundesrepublik wohnen, sowie die soziale und gesundheitliche Versorgung in Deutschland, andererseits Verwandte in der Heimat und Immobilienbesitz in der Türkei. Der sechsmonatige Turnus erklärt sich vor allem dadurch, daß eine längere Abwesenheit aus der Bundesrepublik zum Verlust des Aufenthaltsstatus führen kann.

## Qualifikationsgrade

Unabhängig von der Diskussion, ob die Bundesrepublik nun ein Einwanderungsland ist oder nicht, haben sich in den vergangenen Jahrzehnten die „Gastarbeiter" de facto als Einwandererminorität in diesem Land etabliert. Aus deren Perspektive ist die Bundesrepublik eindeutig ein Einwanderungsland.

Doch sind immer noch über 70 % der türkischen Erwerbstätigen als Arbeiter beschäftigt. Im Vergleich dazu liegt der Prozentsatz bei Deutschen unter 40 %. Nur etwas mehr als 25 % der ausländischen Erwerbstätigen überhaupt sind Angestellte. Zu Beginn der Migration der Türken nach Deutschland war die Beschäftigungsstruktur der Türken relativ homogen. Durch berufliche Karriere, Weiterbildungsmaßnahmen oder den Sprung in die Selbständigkeit haben bis heute jedoch viele den Aufstieg in bessere berufliche Stellungen und in eine höhere Einkommensgruppe geschafft. Während 1976 noch 70,9 % der türkischen Arbeitnehmer in der verarbeitenden Industrie tätig waren, war dieser Anteil 1991 auf 58,5 % gesunken. Im gleichen Zeitraum nahm der Anteil der türkischen Arbeitnehmer im Dienstleistungssektor von 7,4 % auf 16,1 % zu.

Die schulische und berufliche Qualifikation der türkischen Arbeitnehmer der ersten Generation ist häufig nur gering. Daher sind sie überwiegend als ungelernte oder angelernte Arbeitskräfte tätig. Unattraktive und gefährliche Arbeiten ziehen eine Vielzahl negativer Folgeerscheinungen mit sich: geringes Einkommen, längere Arbeitszeiten (um mehr Lohn zu bekommen), stärkere Gefährdung durch Arbeitslosigkeit, gesundheitsgefährdende Arbeitsbedingungen sowie niedrige Renten.

Neben den Italienern weisen besonders die Türken bislang die niedrigsten Ausbildungs- und Qualifikationsgrade auf. Die einzelnen Nationalitäten haben unterschiedliche Branchenpräferenzen. So finden sich Italiener vermehrt im Gaststätten- und Beherbergungsgewerbe, Arbeiter aus dem ehemaligen Jugoslawien im Baugewerbe, Griechen in der Elektrotechnik und Türken und Portugiesen im Straßenfahrzeugbau. Ferner sind z. B. im Bergbau drei Viertel und im Schiffsbau über zwei Drittel der beschäftigten Ausländer Türken.

## *Arbeitslosigkeit*

Im Vergleich der einzelnen Nationalitäten sind die Türken besonders stark von der Arbeitslosigkeit betroffen. Die Arbeitslosenquote ausländischer Arbeitnehmer liegt insgesamt bereits seit Anfang der 70er Jahre deutlich über dem Niveau der bundesdeutschen Arbeitnehmer. So betrug 1991 die Arbeitslosenquote der Türken 10,9%, die der Deutschen dagegen nur 6,3%.

Gründe hierfür sind neben dem unterdurchschnittlichen Qualifikationsniveau die Konzentration der Erwebstätigkeit in strukturschwachen, konjunkturanfälligen und sich im Umbruch befindenden Industrie- und Wirtschaftszweigen, Sprachschwierigkeiten, Integrationsstand und die Personalpolitik der Betriebe. Betrachtet man die Entwicklungen auf dem bundesdeutschen Arbeitsmarkt Anfang der achtziger Jahre, so läßt sich feststellen, daß besonders die türkischen Arbeitnehmer von den konjunkturellen Problemen betroffen waren. Der Druck des Arbeitsmarktes hat somit erheblich zum Entstehen einer speziellen „türkischen Ökonomie" beigetragen. Auf der anderen Seite führen die weiterhin negative wirtschaftliche Situation und die schlechten Erfahrungen der Rückkehrer in der Türkei zu einer veränderten Zukunftsplanung vieler Türken.

## *Türkische Unternehmer*

Traditionell haben Türken in der Bundesrepublik in der Regel schlechtbezahlte und bei den Deutschen unbeliebte Tätigkeiten ausgeübt. Müllmann, Straßenkehrer oder Fließbandarbeiter, das sind wohl die typischen Tätigkeiten, mit denen man Türken in Verbindung bringt. Zunehmend tritt ins Blickfeld der Öffentlichkeit ein Teil dieser Minorität, der so gar nicht in dieses Bild passen will – die türkischen Unternehmer.

Zahlreiche Faktoren begünstigten die ausländischen Geschäftsgründungen. Diese Entwicklung begann bereits in den sechziger und siebziger Jahren, als die Nachfrage nach bestimmten Waren und Dienstleistungen seitens der ausländischen Arbeitnehmer und deren Familien zur Herausbildung der sogenannten „Nischenökonomie" führte. Diese Angebote wurden auch seitens der deutschen Kundschaft angenommen. Besonders während der ersten Hälfte der achtziger Jahre stieg das Interesse der Türken an einer selbständigen Erwerbstätigkeit sprunghaft an.

Aus den unterschiedlichsten, bereits erwähnten Gründen konnten zahlreiche Türken der ersten Generation den ursprünglich geplanten Aufbau einer selbständigen Existenz in der Türkei nicht realisieren. So wurde eine Geschäftsgründung in der Bundesrepublik als günstige Alternative zur Selbständigkeit in der Türkei angesehen. Wenn dieser Wunsch nicht persönlich verwirklicht werden konnte, wurde er auf die Kinder übertragen, die mit dem im Laufe der Jahre angesparten Kapital günstige Startbedingungen besaßen.

## *Investitionen türkischer Unternehmer*

Zwei Drittel der türkischen Unternehmen sind als Familien- und/oder Kleinbetriebe zu bezeichnen, aber es finden sich auch zahlreiche Unternehmen mit einer größeren Beschäftigtenzahl, einer breiter angelegten Geschäftstätigkeit und multinationalen Geschäftsbeziehungen. 1990 gab es 33 000 türkische Selbständige, die ein Gesamtinvestitionsvolumen von 5,7 Millionen DM tätigten und einen durchschnittlichen Jahresumsatz von 25 Milliarden DM erwirtschafteten. Nur drei Jahre später waren es schon 37 000 türkische Selbständige, die über 135 000 Arbeitsplätze geschaffen hatten. Das Investitionsvolumen im Jahr 1993 betrug 8 Milliarden DM, und der Gesamtjahresumsatz wird auf über 31 Milliarden DM beziffert – ein für die bundesdeutsche Volkswirtschaft nicht zu unterschätzender Faktor. Dies gilt auch für die neuen Bundesländer, wo mehr als die Hälfte der türkischen Firmeninhaber in den letzten Jahren Investitionen getätigt oder geplant haben.

## Ausländische Unternehmer als Ausbilder

Ausländische Selbständige haben inzwischen auch auf dem Berufsbildungssektor an Bedeutung gewonnen. Zwischen 1987 und 1990 wurde in Baden-Württemberg und Nordrhein-Westfalen, in Zusammenarbeit mit der ILO (International Labour Organisation), ein Modellversuch durchgeführt, der aus Mitteln des EG-Sozialstrukturfonds gefördert wurde. Ziel war es, daß auch in ausländischen Betrieben stärker die Möglichkeit wahrgenommen wird auszubilden. Akuter Personalmangel ist nämlich als eines der Hauptprobleme der ausländischen Unternehmer anzusehen. Besonders Unternehmen mit multinationalen Geschäftsbeziehungen benötigen qualifiziertes, mindestens zweisprachiges Personal. Auf dem freien Arbeitsmarkt sind solche Personen momentan jedoch kaum verfügbar.

Die ausländischen Selbständigen verfügen zwar über umfangreiche Erfahrungen in ihrer Branche, doch fehlt ihnen in der Mehrzahl – v. a. da Abschlüsse, die in der Heimat erworben wurden, nicht immer in Deutschland anerkannt werden – die Ausbilderqualifikation nach der Ausbildereignungsverordnung. Besitzt ein Unternehmer in seinem Geschäftsbereich keine in der Bundesrepublik anerkannte Ausbildung, so besteht die Möglichkeit, in einem 120stündigen Kurs eine Ausbildereignungsprüfung abzulegen. Im Rahmen des Modellversuchs nahmen zahlreiche türkische Selbständige an einem Qualifizierungsprogramm teil, das mit der Ausbildereignungsprüfung abschloß. Das Modell stieß auf eine sehr positive Resonanz.

Allgemein ist eine hohe Bereitschaft vorhanden, (ausländischen) Jugendlichen im eigenen Betrieb einen Ausbildungsplatz anzubieten und die dafür erforderlichen Voraussetzungen zu erfüllen. Darin manifestiert sich nicht nur der Wunsch der ausländischen Selbständigen, ihren Beitrag zur Entschärfung der Ausbildungsplatzprobleme ausländischer Jugendlicher zu leisten, sondern auch die Einsicht in die Notwendigkeit, langfristig besser qualifiziertes Personal im Betrieb beschäftigen zu müssen.

## *Impulse für die deutsche Wirtschaft*

Auch der deutschen Wirtschaft geben die neuen Selbständigen neue Impulse. Geschäfte ausländischer Unternehmer sind aus dem heutigen Stadtbild nicht mehr wegzudenken. Besonders augenfällig ist dies im Bereich der Gastronomie, die in den letzten beiden Jahrzehnten einen Strukturwandel erlebte. Ausländer vermarkten Produkte aus ihren Herkunftsländern und finden in deutschen Verbrauchern ihre Klientel. Pizza, Cappuccino, Döner Kebab und Gyros sind heute genauso Bestandteil der deutschen Eßkultur wie Bratwurst und Sauerkraut.

Als im Jahr 1965 der erste Italiener bei der Industrie- und Handelskammer Düsseldorf eine Konzession für eine Eisdiele beantragte, stieß er dort auf erhebliche Skepsis. Der zuständige Sachbearbeiter glaubte nicht, daß dieses Produkt vom deutschen Verbraucher akzeptiert werden würde. Nachdem der italienische Speiseeishersteller nach zähem Ringen die Erlaubnis erhalten hatte, belehrte er ihn eines Besseren. In den darauffolgenden Jahren setzte ein regelrechter Gründerboom unter Ausländern ein, der bis in die Gegenwart anhält. Dabei sind die besonders augenfälligen türkischen Lebensmittelläden, italienischen Eisdielen und Pizzerien und die griechischen und (ex)jugoslawischen Restaurants nur die Spitze des Eisberges.

Allein seit 1983 hat sich die Zahl der ausländischen Selbständigen nahezu verdreifacht; nach Angaben des Statistischen Bundesamtes sind es derzeit 208 000 bundesweit.

## *55 Branchen*

Nach Schätzungen sind die 37 000 türkischen Selbständigen in 55 Subsektoren der bundesdeutschen Wirtschaft geschäftlich aktiv. Die ersten türkischen Geschäfte wie Reisebüros, Änderungsschneidereien und Lebensmittelgeschäfte, die Ende der sechziger Jahre und Anfang der siebziger Jahre überwiegend in den Bereichen der Nischen-Ökonomie eröffnet wurden, werden ständig um neue Geschäftsbereiche erweitert. Obwohl die

Mehrzahl der Betriebe als Klein- und/oder Familienbetriebe zu bezeichnen ist, gründen Türken auch zunehmend Unternehmen in den innovativen Wirtschaftsbereichen.

Eine andere Kategorie stellen Unternehmen mit einer größeren Beschäftigtenzahl, einer breitgefächerten Geschäftstätigkeit und multinationalen Geschäftsbeziehungen dar. Ihre Zahl wird auf über 500 geschätzt. In der Lebensmittelbranche ist z. B. der türkische Unternehmer Aydın Yardımcı mit einem Umsatz von 130 Millionen DM sehr erfolgreich. Sein Betrieb „Aydın Fleisch" in Köln arbeitet nach EG-Vorschriften und ist als Musterbetrieb zu bezeichnen. Durch Geschäfte in der Bau-, Textil- und Tourismusbranche belief sich der Umsatz von Ahmet Aydın, Inhaber von ÖRSA-Holding, auf 290 Millionen DM. Vural Öger, ein weiterer erfolgreicher türkischer Unternehmer in Deutschland und Inhaber von Öger-Tour, dem größten Türkei-Reiseveranstalter und Anbieter von weiteren acht Staaten, erreichte durch Geschäfte im Bau- und Tourismussektor 250 Millionen DM Umsatz. Diese Liste kann beliebig erweitert werden.

*Motivation*

Die Aussicht auf ein höheres Einkommen und die Unabhängigkeit als selbständiger Unternehmer sind Hauptantriebsfedern zur Existenzgründung. Da die meisten der türkischen Unternehmer zuvor als Arbeitnehmer beschäftigt waren, haben die eigenen Betriebe einen hohen Eigenwert als Symbol der Unabhängigkeit. Die Selbstverwirklichung, die Arbeit in eigener Verantwortung, war und ist für viele Türken ein starker Anreiz zur Gründung eines eigenen Betriebes. Viele erfüllten sich mit der Selbständigkeit einen Traum, den sie in der Türkei nicht verwirklichen konnten. Nicht zu unterschätzen ist außerdem der soziale Aufstieg, der ihnen durch den „Rollenwechsel" gelingt. Er stärkt nicht nur das Selbstbewußtsein der „Aufsteiger", sondern bedeutet auch einen positiven Impuls für das Selbstverständnis der ganzen türkischen Bevölkerung in Deutschland.

## Beispiel: Lebensmittelimport

Hüseyin Kuru in Düsseldorf ist einer der größten Lebensmittelimporteure in Nordrhein-Westfalen und Gründungsmitglied des türkischen Unternehmerverbandes sowie des Verbandes türkischer Lebensmittelimporteure Europas. Im Rahmen seiner Geschäftstätigkeit importiert er Lebensmittel aus der Türkei und versorgt damit den türkischen Einzelhandel in Nordrhein-Westfalen. Neben diesem Betrieb besitzt Kuru zusammen mit seinen Brüdern weitere Unternehmen in anderen Branchen.

Typisch ist er sicher nicht für die Mehrzahl der türkischen Unternehmer, doch verkörpert er das Bild einer Gruppe von Unternehmern aus der zweiten Generation: zielorientiert, hochmotiviert und auch bereit, sich fehlende Kenntnisse anzueignen. Dazu zählt auch sein Engagement im türkischen Unternehmerverband. Dieser Interessenverband will nach innen und außen Öffentlichkeitsarbeit betreiben. Es ist geplant, PR-Maßnahmen für den türkischen Lebensmitteleinzelhandel durchzuführen, die Zusammenarbeit zwischen deutschen und ausländischen Unternehmern zu fördern und speziell die Interessen der türkischen Selbständigen gegenüber der Öffentlichkeit und deutschen Institutionen zu vertreten. Ein weiterer wichtiger Aspekt dieser Arbeit, so Hüseyin Kuru, muß in dem Abbau falschen Konkurrenzdenkens unter den türkischen Lebensmittelhändlern gesehen werden.

Diese Konkurrenz manifestiert sich gegenwärtig in regelrechten Preiskriegen. In Form von Dumpingpreisen versuchen zahlreiche Händler, Konkurrenten vom Markt zu drängen. Dies dient, so Kuru, langfristig keinem der Betroffenen. Anstelle der Preiskonkurrenz muß nach seiner Ansicht eine Service- und Qualitätskonkurrenz treten. Bereits gegenwärtig kaufen 60 % bis 70 % seiner Kunden täglich auf dem Großmarkt ein. Dies führt er als Beweis für das hohe Qualitätsbewußtsein der Einzelhändler an. Letztlich sei der Gewinn Maßstab jeder Unternehmertätigkeit, verdienen könne man aber nur bei realistisch kalkulierten Preisen.

## Probleme bei der Selbständigkeit

Trotz ausgeprägter Tendenzen, sich nicht an der „ethnischen Nische", sondern am Markt generell zu orientieren, und obwohl türkische Geschäftstätigkeit inzwischen gang und gäbe ist, kennen viele der ausländischen – und insbesondere türkischen – Betriebe Probleme bei der Verwirklichung ihrer Konsolidierungs- und Expansionsabsichten. Vielfach fehlen die für eine rentable Unternehmensführung erforderlichen betriebswirtschaftlichen Grundlagen, Marktkenntnisse und das Wissen über erfolgversprechende Absatzstrategien. Hinzu kommen mangelnde Kenntnisse im administrativen Bereich. Fehlende Informationen über diese Strukturen, die Zuständigkeiten der deutschen Institutionen, deren Beratungs- und Förderungsangebote sowie die institutionellen Verkettungen und rechtlichen Wege erschweren vielen Türken den Schritt in die Selbständigkeit.

Um diese Schwierigkeiten zu mildern und den ausländischen Selbständigen konkrete Hilfestellungen zu geben, ist seit September 1992 die Vermittlungsstelle für ausländische Existenzgründer am „Zentrum für Türkeistudien" tätig. Ihre Aufgabe besteht darin, die Verbindung zwischen den vorhandenen Institutionen im Beratungs- und Finanzierungsbereich und den ausländischen Existenzgründern und Selbständigen durch Förderung der Kontakte und Intensivierung des Informationsflusses herzustellen.

## Deutsche Arbeitnehmer bei türkischen Arbeitgebern

Längst sind auch zahlreiche Deutsche bei türkischen Unternehmen angestellt. Besonders im Marketing, in der Kundenberatung und in der Verwaltung arbeiten – da kaum entsprechend ausgebildetes türkisches Personal vorhanden ist – häufig Deutsche. So beträgt der Anteil des deutschen Personals bei einem der größten türkischen Reiseveranstalter, „Nazar-Holidays" in Düsseldorf, mehr als 60%. Doch klagen zahlreiche türkische Unternehmer über akuten Personalmangel, der ihren Expansionsabsichten enge Grenzen setzt. Trotz übertariflicher Gehälter stehen deutsche Mitarbeiter nicht in ausreichender Zahl zur Verfügung. Wohl so manches Vorurteil verhindert eine Bewerbung bei einem türkischen Unternehmen.

Dies ist bedauerlich, denn die Situation der deutschen Arbeitnehmer in türkischen Firmen stellt sich durchweg positiv dar. Zahlreiche Bedenken, besonders von Frauen, die z. B. zunächst eine patriarchalische Geschäftsführung befürchteten, erwiesen sich nach deren eigenen Angaben als haltlos. Im Gegenteil, es wird der oftmals viel persönlichere Umgang miteinander lobend hervorgehoben. Generell wird die Tätigkeit in den wenigsten Fällen schlechter beurteilt als die in einem vergleichbaren deutschen Unternehmen.

## *Vom Arzt bis zum Lehrer – ein neuer Mittelstand in Deutschland?*

Insbesondere in den letzten zehn Jahren hat sich auch ein türkischer Mittelstand etabliert, der sich außer aus selbständigen Unternehmern auch aus einer wachsenden Zahl von Ärzten, Lehrern, Sozialberatern etc. zusammensetzt.

Eine besondere Rolle nehmen dabei die türkischen Sozialberater ein. Seit 1961 liegt die Zuständigkeit für die Betreuung türkischer Einwohner bei der Arbeiterwohlfahrt (AWO). In der Vergangenheit ist das Netz der Sozialberatungsstellen für türkische Einwohner stark ausgebaut worden. Mit dem Heranwachsen der zweiten und dritten Ausländergeneration ist auch die Zahl der Sozialberater türkischer Herkunft kontinuierlich gestiegen. Mittlerweile gibt es allein bei der AWO bundesweit 327 türkische Sozialberater. Davon sind 128 in Nordrhein-Westfalen ansässig.

Steigende Tendenz zeigt auch die Zahl der türkischen Lehrer. In Nordrhein-Westfalen sind beispielsweise zur Zeit mehr als 1000 hauptberufliche Lehrer türkischer Herkunft an den allgemein- und den berufsbildenden Schulen tätig. Zu erwähnen sind außerdem die zahlreichen türkischen Ärzte sowie die Vertreter der türkischen Selbstorganisationen und Vereine.

## Kriminalität und Kriminalstatistik

Das Thema Ausländerkriminalität hat sich in Deutschland zu einem Reizthema entwickelt. Dies liegt u. a. daran, daß das Bundeskriminalamt jährlich Statistiken veröffentlicht, die eine scheinbar hohe Kriminalitätsrate bei Ausländern zeigen. Als verhängnisvoll erweist sich immer wieder die häufig unkommentierte Wiedergabe polizeilicher Kriminalstatistiken in den deutschen Medien. In Anbetracht eines solch sensiblen Themas ist es nicht zu tolerieren, daß Berichte über Ausländerkriminalität aus Bequemlichkeit und aus Gründen einer (Schein-)Aktualität schlecht oder gar nicht recherchiert und kommentiert werden. Eine unkommentierte Wiedergabe vermittelt leicht den Eindruck, daß es keine Kriminalität mehr gäbe, wenn alle straffälligen Ausländer das Land verlassen müßten. Die scheinbar hohe Kriminalität von Ausländern in den Statistiken läßt sich jedoch auf mehrere Gründe zurückführen.

Die Kriminalstatistik gibt lediglich Aufschluß über die Zahl der Tatverdächtigen, nicht über die der letztlich überführten, angeklagten und verurteilten Täter. Nach Angaben des Kriminologischen Forschungsinstituts Niedersachsen werden „die Strafverfahren gegen ausländische Tatverdächtige weit häufiger als die gegen Deutsche wegen Geringfügigkeit oder gegen Zahlung einer Geldbuße eingestellt". Unter diese sogenannten „geringfügigen Delikte" werden leichter Diebstahl, Urkundenfälschung, Glücksspiel, Verletzung der Unterhaltspflicht gerechnet. Bei anderen schweren Straftaten wie Tötungsdelikten, Körperverletzung, Vergewaltigung oder schweren Raubüberfällen bestätigen sich die Vorurteile gegen Ausländer nicht. Zudem werden den ausländischen Straftatverdächtigen auch illegal eingereiste Ausländer, ausländische Touristen und Durchreisende etc. zugerechnet, die kein Teil der registrierten ausländischen Wohnbevölkerung sind. Auch hierdurch wird der Anteil der ausländischen Straftatverdächtigen an der ausländischen Wohnbevölkerung statistisch überhöht.

Hinzu kommt, daß Ausländer mit mehr und anderen Gesetzen konfrontiert werden als Deutsche. So gibt es spezifische Delikte, die aufgrund der Gesetzeslage von Deutschen nicht begangen werden können, z. B. Verstöße gegen das Ausländer- und Asylverfahrensgesetz. Wichtig ist in diesem Zusammenhang auch die Altersstruktur der Türken. Die türkische Wohnbevölkerung ist jünger als die deutsche, und kriminalstatistisch begehen Jugendliche – gleich welcher Nationalität – häufiger Straftaten als Erwachsene.

Tendenziell ging die Zahl der türkischen Tatverdächtigen nach Untersuchungen des Kriminologischen Forschungsinstituts Niedersachsen im Zeitraum von 1986 bis 1991 in Niedersachsen zurück. So betrug der Anteil der Türken an den ausländischen Tatverdächtigen, trotz insgesamt gestiegener Zahl, 23,9 % im Jahr 1989, 21,4 % im Jahr 1990 und 20,8 % im Jahr 1991.

Es darf in diesem Zusammenhang aber nicht verschwiegen werden, daß ein großer Teil des Drogenhandels und des „Rotlicht-Milieus" in vielen Städten von Türken dominiert wird. Vor allem türkische Jugendliche müssen vor einem Abrutschen in diese Kriminalität bewahrt werden, begünstigen doch ihre Lebensumstände oftmals eher eine kriminelle „Karriere". Sie wohnen überproportional häufig in Großstädten, teilweise in Ghettos, die als Ausgangspunkt von Kriminalität und politischer bzw. religiöser Radikalisierung, als Stätten sozialer Verelendung gesehen werden können. Darüber hinaus verfügen sie oftmals über geringere Bildungschancen und damit zu einem großen Teil über ein niedrigeres Einkommen als Deutsche. Insbesondere türkische Jugendliche sehen sich häufiger sozialer, rechtlicher und politischer Benachteiligung gegenüber deutschen Jugendlichen und zunehmender Fremdenfeindlichkeit und wachsender Aggressivität seitens Teilen der deutschen Bevölkerung ausgesetzt.

## 3. Türken und Ausländergesetzgebung

*Ausländergesetz als rechtliche Grundlage*

Wie für alle anderen Ausländer ist auch für die Türken das Ausländergesetz die Grundlage für ihren rechtlichen Status in der Bundesrepublik Deutschland. Es regelt grundlegende Fragen wie Einreise, Familienzusammenführung, Aufenthalt und Ende des Aufenthaltes. Am 1. Januar 1991 trat ein neues Ausländergesetz in Kraft, das in einigen Punkten rechtliche Vorteile für die hier lebenden Ausländer brachte, aber nach wie vor innerhalb der ausländischen Bevölkerung sehr umstritten ist. So hat das neue Ausländergesetz in vielen Bereichen den Ermessensspielraum der einzelnen Behörden stark eingeschränkt.

Die Frage des Aufenthaltsstatus ist für viele Türken von zentraler Bedeutung. Im gegenwärtigen Ausländergesetz sind unter dem Oberbegriff der Aufenthaltsgenehmigung vier unterschiedliche Aufenthaltstitel bezeichnet. Sie unterscheiden nach Grund und Zweck des Aufenthaltes sowie nach dem Maß, in dem sich der Aufenthalt des Ausländers in der Bundesrepublik verfestigt hat. Dabei wird unterschieden zwischen:

- Aufenthaltserlaubnis,

- Aufenthaltsberechtigung,

- Aufenthaltsbewilligung und

- Aufenthaltsbefugnis.

Die *befristete Aufenthaltserlaubnis* bzw. -genehmigung ist die erste Stufe und wird meist von Ausländern beantragt, die zum ersten Mal in die Bundesrepublik einreisen. Die zunächst auf ein Jahr befristete Aufenthaltserlaubnis kann auf Antrag der betreffenden Person für zwei Jahre verlängert werden.

Aber erst eine *unbefristete Aufenthaltserlaubnis* sichert den Daueraufenthalt der Ausländer, auch der Türken, in der Bundesrepublik. Voraussetzung ist, daß der Antragsteller mindestens seit fünf Jahren eine Aufenthaltserlaubnis besitzt, sich in der deutschen Sprache verständigen kann und über ausreichenden Wohnraum für sich und seine Familie verfügt. Insbesondere dieser letztgenannte § 17 des Ausländergesetzes ist in den Mittelpunkt der Kritik geraten, da dieser Nachweis für ausländische Familien häufig eine besondere Härte darstellt. Sie haben in der Regel mehr Kinder als deutsche Familien, bekommen aber aufgrund der allgemeinen Wohnungsknappheit und bedingt durch die negative Stimmung gegen Ausländer viel schwerer eine größere Wohnung.

Insgesamt hat das neue Ausländergesetz mit zum Teil recht verwirrenden Differenzierungen in der Definition der Aufenthaltsstatusformen innerhalb der ausländischen Wohnbevölkerung für Unsicherheit gesorgt. Insbesondere im Hinblick auf die Einführung eines gemeinsamen Marktes innerhalb der Europäischen Union (EU) hat das neue Ausländergesetz in der Bundesrepublik mehrere Klassen von Ausländern mit verschiedenen Rechten geschaffen. Es besteht von seiten der Türken als Nicht-EU-Ausländern große Besorgnis, daß dadurch der Konkurrenzdruck zwischen den verschiedenen Nationalitäten verschärft wird. Viele befürchten, daß der Status eines Ausländers nach dem neuen Ausländergesetz dann unsicher wird, wenn er nicht erwerbstätig, z. B. arbeitslos, und sein zukünftiger Lebensunterhalt nicht mehr gesichert ist. Letzteres gilt insbesondere für Sozialhilfeempfänger. So kann der Bezug von Arbeitslosengeld oder Arbeitslosenhilfe über einen vom Gesetz nicht näher bestimmten Zeitraum zur Ausweisung führen.

Den sichersten Aufenthaltsstatus für einen Ausländer in der Bundesrepublik Deutschland gewährt die *Aufenthaltsberechtigung* nach § 27 des Ausländergesetzes. Diesen Aufenthaltstitel erhält ein Ausländer, der sich seit mindestens acht Jahren rechtmäßig in der Bundesrepublik aufhält, seinen Lebensunterhalt aus eigenem Erwerb, eigenem Vermögen oder sonstigen eigenen Mitteln bestreiten kann. Ferner muß er mindestens 60 Monatsbeiträge zur gesetzlichen Rentenversicherung geleistet haben oder über sonstige Rentenansprüche verfügen. Darüber hinaus darf die betreffende Person nicht wegen einer vorsätzlichen Straftat zu einer Freiheitsstrafe von sechs Monaten oder mehr verurteilt worden sein.

Der Besitz einer Aufenthaltsberechtigung ist für einen Ausländer mit besonderen Vorteilen verbunden, da sie nicht mit Bedingungen und Restriktionen verbunden wird. Darüber hinaus ist die Aufenthaltsberechtigung räumlich nicht beschränkt, so daß sie ein unbeschränktes Aufenthaltsrecht mit einem verschärften Schutz vor Ausweisung garantiert. Die Inhaber einer Aufenthaltsberechtigung können nur aus sehr schwerwiegenden Gründen der öffentlichen Sicherheit und Ordnung, z.B. wenn sie zu einer mindestens fünfjährigen Freiheitsstrafe verurteilt worden sind, ausgewiesen werden.

Die *Aufenthaltsbewilligung* nach § 28 des Ausländergesetzes ist insbesondere für ausländische Studenten interessant, die sich nur für einen befristeten Zeitraum in der Bundesrepublik aufhalten. Sie wird dann erteilt, wenn sich ein Ausländer für einen bestimmten Zeitraum in der Bundesrepublik aufhält, der von vornherein nur als vorübergehend betrachtet wird und bei dem ein Daueraufenthalt ausgeschlossen wird. Wichtig ist, daß die Aufenthaltsbewilligung nur für längstens zwei Jahre erteilt und um jeweils längstens zwei Jahre verlängert werden kann, wenn der Aufenthaltszweck noch nicht erreicht ist. Auch dies gilt vorwiegend für ausländische Studenten, die ihr Studium noch nicht abgeschlossen haben.

Eine *Aufenthaltsbefugnis* nach § 30 wird insbesondere den Ausländern erteilt, die sich aus völkerrechtlichen, dringenden humanitären o.a. Gründen in der Bundesrepublik aufhalten. Dies gilt insbesondere dann, wenn die Voraussetzung zur Erteilung einer Aufenthaltserlaubnis nicht erfüllt ist.

### *Nachzug von Ehepartnern nach Deutschland*

Insbesondere der Nachzug von Ehepartnern ist für viele Türken in der Bundesrepublik von großem Interesse. In § 18 des

Ausländergesetzes ist dieser Ehegattennachzug geregelt. Hiernach haben Ehegatten der ersten Generation von Ausländern, sofern diese eine Aufenthaltsberechtigung besitzen oder bereits bei Inkrafttreten des Gesetzes am 1. Januar 1991 in der Bundesrepublik lebten und eine entsprechende Aufenthaltserlaubnis besaßen, einen Rechtsanspruch auf Ehegattennachzug für den Fall, daß die Ehe bei der Einreise bereits bestand. Für die zweite und dritte Generation von Ausländern gilt, daß sie einen Anspruch auf Nachzug des Ehepartners haben, wenn der in der Bundesrepublik lebende Ehepartner eine unbefristete Aufenthaltserlaubnis oder eine Aufenthaltsberechtigung besitzt, acht Jahre hier gelebt hat und volljährig ist.

Positiv gegenüber dem alten Ausländergesetz ist dabei, daß auf die bisher geltende einjährige Wartefrist für den Ehepartnernachzug verzichtet wird. Allerdings muß nach wie vor ausreichender Wohnraum zur Verfügung stehen sowie der Lebensunterhalt des Familienangehörigen aus der eigenen Erwerbstätigkeit des hier in der Bundesrepublik lebenden Partners nachgewiesen werden. Neu geregelt wurde auch der Nachzug von Kindern der hier in der Bundesrepublik lebenden Ausländer. So haben beispielsweise ledige Kinder aus der Türkei bis zur Vollendung ihres 16. Lebensjahres einen Rechtsanspruch auf Nachzug zu ihren Eltern, sofern sich diese rechtmäßig in der Bundesrepublik aufhalten. In besonderen Fällen kann auch der Nachzug lediger Kinder bis zur Vollendung des 18. Lebensjahres zugelassen werden.

## *Abhängigkeiten*

Die neu zugezogenen Familienangehörigen sind in bezug auf ihr Aufenthaltsrecht zunächst abhängig von den in Deutschland lebenden Familienangehörigen. Dabei erhalten Ehepartner ein eigenständiges Aufenthaltsrecht inklusive einer unbefristeten Verlängerung ihrer Aufenthaltserlaubnis in der Regel erst nach fünf Jahren. Dies ist besonders dann von großer Bedeutung, wenn es zu einer Scheidung, Trennung oder zum Tod eines Ehepartners kommt. Ein eigenständiges Aufenthaltsrecht für den Ehegatten gibt es nur dann, wenn die eheliche Gemeinschaft mindestens vier Jahre hier in der Bundesrepublik bestanden hatte oder der andere Ehegatte während der hier bestehenden Ehe verstorben ist. Ein Ausländer kann sein Aufenthaltsrecht auch dann verlieren, wenn er für länger als sechs Monate aus der Bundesrepublik ausreist bzw. wenn er nicht innerhalb einer von der Ausländerbehörde bestimmten Frist wieder eingereist ist.

Neu ist allerdings die Regelung in § 16 des Ausländergesetzes, die ein Recht auf Wiederkehr einräumt. Davon sind hauptsächlich Personen der zweiten Generation betroffen, die als Minderjährige rechtmäßig in der Bundesrepublik gelebt und sechs Jahre im Bundesgebiet eine Schule besucht haben. Darüber hinaus muß ihr Lebensunterhalt aus eigener Erwerbstätigkeit oder durch eine Unterhaltsverpflichtung gesichert sein. Der Antrag muß nach Vollendung ihres 15. und vor Vollendung des 21. Lebensjahres innerhalb einer Frist von fünf Jahren nach ihrer Ausreise aus der Bundesrepublik Deutschland gestellt werden.

## *Wahlrecht und Einbürgerung*

Dem Rechtsstatus von Ausländern kommt eine Schlüsselfunktion zu, da ein rechtlich minderer Status stets auch eine gesellschaftliche Sonderstellung konstituieren kann. Zur Zeit ist die Situation von Ausländern in der Bundesrepublik durch Ausgrenzung in mehreren Bereichen gekennzeichnet. Auf dem Wohn- und Arbeitsmarkt und im sozialen Sektor müssen sie als nicht-deutsche Staatsbürger mit zahlreichen Benachteiligungen rechnen. Mit ursächlich für diese Situation ist der dauerhafte Ausschluß der ausländischen Wohnbevölkerung von der Möglichkeit der politischen Mitbestimmung, d. h. dem Wahlrecht auf allen Ebenen des Staates. Dieser Zustand kollidiert nicht nur mit dem Legitimitätsanspruch westlicher Demokratien allgemein, sondern auch mit dem verfassungspolitischen Postulat der Kongruenz von Wohnbevölkerung und Staatsvolk.

Die Diskussion um eine doppelte Staatsbürgerschaft bzw. Einbürgerung von in der Bundesrepublik aufgewachsenen Jugendlichen wird derzeit innerhalb der ausländischen und speziell innerhalb der türkischen Wohnbevölkerung kontrovers geführt. Der deutsche Gesetzgeber berücksichtigt nach Auffassung vieler Türken nicht die Gründe, die in vielen Fällen ausländische Jugendliche dazu bewegen, die Einbürgerung abzulehnen. Der Gesetzgeber beruft sich dabei auf das „Übereinkommen des Europarates zur Verringerung von Mehrstaatigkeit und Wehrpflicht von Mehrstaatlern" aus dem Jahre 1963. Das erwähnte Abkommen verbietet es, die vorherige Staatsangehörigkeit im Falle eines Wechsels beizubehalten. Nach Aussagen des Bundesministeriums des Inneren hat sich nur ein geringer Teil der hier lebenden Türken in den Jahren 1973 bis 1991 einbürgern lassen. Nach Angaben des Statistischen Bundesamtes haben 3529 Türken diesen Schritt vollzogen.

*Doppelte Staatsangehörigkeit als Ausweg?*

Der Grund für diese niedrige Zahl liegt vermutlich in der Tatsache, daß im Falle einer Einbürgerung die bisherige Staatsangehörigkeit aufgegeben werden muß. Dies bedeutet für den einzelnen Türken oftmals mehr als den Verlust bestimmter Rechte (z.B. Rechtsnachfolge in der Türkei beim Erb- und Familienrecht) im Heimatland. Vielmehr wird mit der Rückgabe der türkischen Staatsangehörigkeit die Aufgabe der eigenen kulturellen Identität und die vollkommene Loslösung vom Heimatland verbunden. Emotionale Gründe sind häufig entscheidender als rechtliche Konsequenzen. Nach wie vor baut der Paß bei allen hier lebenden Türken, von der ersten bis zur dritten Generation, eine Brücke zur alten Heimat. Viele vermeiden eine Rückgabe des türkischen Passes auch, um einen Bruch mit der Familie zu vermeiden. In immer größerem Maße spielt auch die Erwägung eine Rolle, im Notfall, also z.B. bei einer unfreiwilligen Aufenthaltsbeendigung oder verstärkter gegen Ausländer gerichteter Stimmung, in die Türkei zurückkehren zu können.

Für jüngere Türken, die sich weder eindeutig als Türken noch als Deutsche fühlen, ist es wichtig, den dünnen Faden zur Heimat ihrer Eltern nicht abreißen zu lassen. Ihre Lebenssituation ist gekennzeichnet durch die Zerrissenheit zwischen zwei Kulturen. Bei einer intensiveren Beschäftigung mit diesen Fragen wird deutlich, daß eine Entscheidung für die deutsche oder für die türkische Hälfte der eigenen Identität nicht möglich ist. Für viele Jugendliche liegt das Positive gerade darin, eine doppelte und nicht etwa eine jeweils halbe Sozialisation zu haben.

Seitens der türkischen Bevölkerung ist deshalb das Interesse an einer doppelten Staatsbürgerschaft relativ groß. Nach vorsichtigen Prognosen spielt etwa jeder dritte türkische Staatsangehörige in der Bundesrepublik mit dem Gedanken, die doppelte Staatsbürgerschaft anzunehmen. Im Gegensatz zur deutschen Gesetzgebung ist es nach türkischem Gesetz durchaus möglich, eine doppelte Staatsbürgerschaft zu haben.

## Gesetz aus der Kaiserzeit

Bislang wird die Staatsbürgerschaft in der Bundesrepublik über ein Gesetz aus der Kaiserzeit (das Reichs- und Staatsangehörigkeitsgesetz, RuStaG, aus dem Jahre 1913) geregelt. Dabei ist die Staatsangehörigkeit vor allem eine Frage der Abstammung, des *ius sanguinis*, des Rechtes des Blutes, das im Gegensatz zum *ius solis*, dem Recht des Bodens, von Generation zu Generation weitervererbt wird. Alle Möglichkeiten für Ausländer, die deutsche Staatsangehörigkeit zu erwerben, sind im Ausländergesetz enthalten. In der gegenwärtigen politischen Situation wäre es wünschenswert, den in Deutschland geborenen Ausländern die deutsche Staatsbürgerschaft nach den Prinzipien des *ius solis* bei Geburt zu gewähren. Dringender denn je ist es erforderlich, daß der Gesetzgeber Regelungen findet, die die Interessen der starken türkischen Minorität in der Bundesrepublik berücksichtigen.

## Einwanderungsland Deutschland

Die klassischen Einwanderungsländer Australien, Kanada und USA haben über Jahrhunderte hinweg Menschen unterschiedlicher ethnischer Herkunft, verschiedener Sprachen und religiöser Sitten ins Land geholt. Ein fest umrissenes jährliches Kontingent ermöglichte und ermöglicht es potentiellen Einwanderern, sich dort niederzulassen. Einwanderung ist in den klassischen Migrationsländern ein regulierter Prozeß. Das Land bestimmt, wer einwandert. Unterschiedliche Berufsgruppen, ein bestimmtes Kontingent an Flüchtlingen, Familienzusammenführung – die Bedingungen werden jedes Jahr neu definiert. Seit 1984 erlauben z.B. die Vereinigten Staaten jährlich etwa 0,6 bis 0,7 Millionen Menschen die Einwanderung. In Westeuropa hingegen wandern jährlich 0,8 bis 0,9 Millionen Ausländer ein, aber kein westeuropäisches Land, mit Ausnahme der Niederlande, versteht sich als Einwanderungsland (Appleyard, 1991:31).

Die Bundesrepublik ist de facto zum Einwanderungsland geworden. Aber obwohl allein seit dem Zweiten Weltkrieg nahezu 20 Millionen Menschen (Vertriebene, Aussiedler, Übersiedler, Flüchtlinge vor und nach dem Mauerbau, Arbeitsmigranten) nach Deutschland kamen, weigern sich offizielle Stellen, diese Tatsache anzuerkennen und in der politischen Diskussion um Einbürgerung und doppelte Staatsbürgerschaft zu berücksichtigen. Statusunsicherheit und Ausgegrenztheit kennzeichnen die Situation der meisten Ausländer in der Bundesrepublik.

Dem ungesicherten Aufenthaltsstatus und seinen negativen Folgen für das Zusammenleben zwischen Deutschen und Ausländern könnte mit dem Erwerb der deutschen Staatsangehörigkeit begegnet werden. So hatten nach einer im Juni 1993 unmittelbar nach den Ereignissen in Solingen durchgeführten repräsentativen Umfrage bei Ausländern aus fünf Anwerbestaaten etwas mehr als die Hälfte der Befragten ihr Interesse am Erwerb der deutschen Staatsangehörigkeit bekundet. Drei Viertel wollten jedoch gleichzeitig ihre alte Staatsangehörigkeit beibehalten. Diese Daten belegen, daß die doppelte Staatsangehörigkeit die Motivation zur Ein-

*Abb. 2:* Am Dietzenbacher Starkenburgring (Hessen) wird täglich Markt abgehalten.

bürgerung entscheidend fördern würde. Sie ist dabei weder aus internationaler noch aus nationaler Sicht ein neues Phänomen. Innerhalb Europas akzeptieren z.B. Belgien, Frankreich, Griechenland, Großbritannien, Irland, Italien und Portugal eine doppelte Staatsbürgerschaft. Das erwähnte Übereinkommen von 1963 über die Verringerung der Mehrstaatlichkeit wenden von den 32 Europastaaten lediglich die Bundesrepublik Deutschland, Österreich und Luxemburg an.

## 1,2 Millionen Deutsche mit Doppelstaatsbürgerschaft

Dabei leben in Deutschland schon längst 1,2 Millionen Deutsche mit zwei Staatsangehörigkeiten. Hierbei handelt es sich um Kinder aus binationalen Ehen und um Aussiedler. Die Erfahrungen mit diesem Personenkreis haben gezeigt, daß der vielfach befürchtete Loyalitätskonflikt nicht aufgetreten ist. Insgesamt sind keine Nachteile für die Bundesrepublik Deutschland aus diesen doppelten Staatsbürgerschaften bekannt, und es ist zu erwarten, daß von einer Erleichterung des Einbürgerungsverfahrens positive Effekte auf die Einbürgerungsbereitschaft der türkischen Wohnbevölkerung ausgehen werden. Von der rechtlichen Gleichstellung sind positive Effekte auf das Zusammenleben von Türken und Deutschen zu erwarten. Voraussetzung dafür ist, daß auf beiden Seiten eine gewisse Bereitschaft vorhanden ist, die kulturellen Merkmale und Eigenarten der jeweils anderen Seite zu tolerieren.

Auch nach einer über dreißigjährigen Migrationsgeschichte ist das Wissen über den anderen auf beiden Seiten relativ gering. Klischees und Vorurteile prägen das Bild einer türkischen Gesellschaft, in der vermeintlich alle Frauen ein Kopftuch tragen und unter der Knute ihrer Männer leiden und in der Schafe in der Badewanne geschlachtet werden. Die deutsche Gesellschaft bedeutet auf der anderen Seite für viele Türken eine Welt, in der es keinen Familiensinn gibt, in der alte Menschen in respektloser Weise behandelt werden und in der Frauen keinen Moralbegriff zu kennen scheinen. Bücher wie „Ganz unten" von Günther Wallraff rütteln die Öffentlichkeit zwar kurzfristig wach, doch ist der tägliche Umgang mit Ausländern türkischer Herkunft meist doch nur auf die nötigen Kontakte am Arbeitsplatz beschränkt. Ein Austausch, der das wechselseitige Bild, das Deutsche und Türken voneinander haben, relativieren und ersetzen könnte, findet kaum statt.

Das Wissen um den anderen ist in der Tat gering. Aufklärung tut not.

# 4. Das Leben in der Fremde.
## Türkische Familien in Deutschland

*Familienstrukturen*

„Die" türkische Familie existiert weder in der Türkei noch in Deutschland. Größe, hierarchische Struktur und Lebensweise hängen in hohem Maße davon ab, wie die Familie vor der Migration in der Heimat lebte.

Allen türkischen Familien gemeinsam ist lediglich die Erfahrung der Migration, die Überwindung oft jahrelangen Getrenntseins und das Bemühen, sich in einer zunächst fremden Lebens- und Arbeitswelt zurechtzufinden. Bei der Bewältigung dieser Fragen spielt die Herkunft der Familie eine entscheidende Rolle, ob sie aus einer eher ländlich geprägten Region stammt, mit einer traditionellen Orientierung und einem klar definierten Platz für Mann und Frau, oder aus städtischen Verhältnissen mit einem eher von Gleichheit geprägten Verhältnis der Geschlechter. Viele Familien haben vor der Emigration nach Deutschland bereits eine Binnenmigration innerhalb der Türkei durchlaufen, so daß die überlieferten Normen und Werte aus dem ländlichen Bereich schon in der Türkei mit einer städtisch geprägten Kultur konfrontiert wurden.

Die Herkunft spielt auch eine entscheidende Rolle in der Erziehung der Kinder. Besonders für traditionell geprägte Familien ist eine traditionelle Erziehung in der Bundesrepublik ein großes Problem. Aus Angst vor Entfremdung ihrer Kinder von der Familie und der Heimat ihrer Eltern werden vor allem Mädchen in vielen Fällen in Deutschland traditionsbewußter erzogen, als dies in der Türkei der Fall gewesen wäre. Oberstes Prinzip einer solchen Erziehung ist der absolute Gehorsam gegenüber den Eltern und vor allem gegenüber dem Vater als Oberhaupt der Familie. In der familieninternen Hierarchie haben die männlichen Familienmitglieder Vorrang vor den weiblichen und die älteren Vorrang vor den jüngeren. Die Ehre der Familie nicht zu beschädigen ist Aufgabe und Hauptverpflichtung der weiblichen Familienmitglieder. Für ein Mädchen kann das – je nach dem Verständnis dieses Begriffes – bedeuten, das Haus nur zum Schulbesuch verlassen zu dürfen, sich mit gleichaltrigen Jungen weder zu treffen noch mit ihnen auch nur zu reden. Den männlichen Mitgliedern einer Familie kommt die Aufgabe zu, die Ehre der Familie nach außen zu verteidigen. Allerdings ist diese strikte Form der Erziehung selten anzutreffen. Viele Familien erziehen ihre Kinder in weiten Teilen „liberal", so daß ihnen durchaus Außenkontakte erlaubt werden und sie sich auch durch die Kleidung nicht mehr von ihren Klassenkameraden unterscheiden.

So vielfältig wie die Migrationsformen sind auch die Erziehungsmethoden, die von einer traditionell orientierten Erziehung über religiös-moralische Werte bis hin zu einem eher westlich aufgeschlossenen Modell reichen, in dem noch einige zentrale traditionelle Werte beibehalten werden.

## Türkische Kinder und Jugendliche

Die meisten der heute in der Bundesrepublik lebenden türkischen Kinder und Jugendlichen sind hier geboren. Wie deutschen Familien stehen auch türkischen Familien die Kindertagesstätten, -horte oder Krippen zur Verfügung. Insgesamt ist ein Anwachsen der Zahl türkischer Kinder in Kindergärten oder Tageseinrichtungen zu beobachten. In den siebziger Jahren wurden diese familienergänzenden Einrichtungen hauptsächlich von ausländischen Familien genutzt, in denen beide Elternteile berufstätig waren. Die Notwendigkeit ist mittlerweile der Einsicht gewichen, daß der Kindergarten eine wichtige Rolle für einen guten Einstieg in Schule und Berufswelt spielt, daß er die wichtige Funktion übernimmt, den türkischen Kindern die sprachlichen und kulturellen Kenntnisse der deutschen Gesellschaft zu vermitteln, zu denen die Eltern, gerade wenn sie der ersten Generation angehören, oftmals nicht in der

Lage sind. Allerdings gibt es nach wie vor seitens der türkischen Familien gewisse Vorbehalte, bedingt durch unterschiedliche Erziehungspraktiken und Erziehungsziele aufgrund anderer religiöser Grundeinstellungen.

Das wissenschaftliche und sozialarbeiterische Interesse an türkischen Kindern und Jugendlichen hatte sich nach der Familienzusammenführung zunächst auf die Berufs- und Schulsituation dieser Gruppe konzentriert. Zahlreiche Familienangehörige türkischer Arbeitnehmer reisten als jugendliche Seiteneinsteiger in die Bundesrepublik ein. Türkische Kinder und Jugendliche stellten und stellen nach wie vor die größte Gruppe der ausländischen Jugendlichen in der Bundesrepublik und gelten nach wie vor als überaus problematisch. Auch gegenwärtig, fast 20 Jahre nach der Familienzusammenführung, geraten viele türkische Jugendliche bei der Verwirklichung ihrer Lebensziele in Konflikt mit den oft völlig anderen Wertvorstellungen ihrer Eltern. Für diese Jugendlichen ist es ein schmerzhafter Prozeß, ihre eigene Sonderrolle und die Handlungsbeschränkung der Eltern und deren gesellschaftliche Außenseiterposition zu erfahren. Die Auseinandersetzung mit und die Loslösung von den traditionellen Werten und Normen führt jedoch nicht zu einer völligen Integration in die deutsche Gesellschaft. Zahlreiche wissenschaftliche Untersuchungen der letzten Jahre weisen darauf hin, daß diese Konflikte in der Auseinandersetzung zwischen neuer und alter Heimat häufig zu Orientierungs- und Heimatlosigkeit, d.h. zu neuer Entfremdung führen. Obwohl die meisten der türkischen Jugendlichen bereits hier geboren und aufgewachsen sind, werden sie in Deutschland nach wie vor als „ausländisch" angesehen. Diese Stigmatisierung bei der ersten, aber auch bei der zweiten Generation zieht sich durch alle Bereiche des Lebens. In der Schule, im Berufsleben, in der Freizeit, am Arbeitsplatz und im Wohnbereich werden die Jugendlichen immer wieder mit ihrem Anderssein konfrontiert.

Auch wenn für diese Gruppe Deutschland längst zum Lebensmittelpunkt geworden, ihnen die Türkei nur aus dem Urlaub und aus Erzählungen vertraut ist und sie Deutsch längst besser beherrschen als Türkisch, werden sie von Teilen der deutschen Bevölkerung immer wieder auf ihre Andersartigkeit hingewiesen. Die zunehmende Gewalt von rechts treibt immer mehr Jugendliche, besonders in den Großstädten, dazu, sich in Banden zu organisieren. Über die Politik des Landes, in dem sie aufgewachsen sind, können sie nicht mitentscheiden, wenn sie ihre Staatsangehörigkeit nicht zugunsten der deutschen aufgeben; und dies ist für viele – auch in Anbetracht einer Zunahme von Gewalttaten gegen Ausländer – eine schwierige Entscheidung. Die türkischen Jugendlichen haben aufgrund ihrer Sprachkenntnisse und ihrer Vertrautheit mit der deutschen Gesellschaft eine bedeutend bessere Ausgangslage als ihre Eltern oder gar Großeltern. Es liegt zu einem großen Teil an der deutschen Gesellschaft, ob die Integration und Anerkennung der türkischen Jugendlichen gelingen wird.

## *Jugendarbeitslosigkeit*

Im Gegensatz zu den Türken der ersten Generation, die bei der Einreise in die Bundesrepublik bereits einen Arbeitsplatz hatten, findet die berufliche Eingliederung der zweiten Generation unter anderen Bedingungen statt. Zwar bedrohte die zunehmende Arbeitslosigkeit in Deutschland auch die Arbeitsplätze der frühen Migranten, jedoch leidet die zweite Generation erheblich stärker unter der schwierigen Arbeitsmarktlage.

Allgemein liegt die Quote von nicht vermittelten Lehrstellensuchenden bei ausländischen Jugendlichen, besonders bei den Mädchen, höher als bei den gleichaltrigen Deutschen. Nach wie vor sind die türkischen Jugendlichen von diesem Problem besonders betroffen. Die derzeitige Entspannung auf dem Lehrstellenmarkt macht sich für sie nur langsam bemerkbar.

Dennoch lassen sich in diesem Bereich auch Erfolge verzeichnen. Die anfänglichen Mißerfolge türkischer Kinder und Jugendlicher in deutschen Schulen konnten durch intensive Betreuungsmaßnahmen gemildert werden. Eine verbesserte schulische Situation in Verbindung mit steigenden Verbleibabsichten fördern das Interesse der zweiten Generation an einer fundierten beruflichen

Ausbildung. Immer mehr türkische Jugendliche verlassen die typischen „Gastarbeiterberufe" und streben eine Berufstätigkeit im Dienstleistungssektor an.

## Studenten

Diese Entwicklung spiegelt sich auch in den steigenden Zahlen türkischer Studenten an deutschen Hochschulen wider. Das Zentrum für Türkeistudien erarbeitete für das Bundesministerium für Bildung und Wissenschaft eine breitangelegte Studie, in deren Verlauf 300 türkische Studierende, v. a. sog. „Bildungsinländer", über ihre Studiensituation in Deutschland befragt wurden. Dieser Begriff bezeichnet Studierende, die bereits einen großen Teil ihrer schulischen Ausbildung in der Bundesrepublik absolviert haben. 14 500 türkische Studenten streben an deutschen Universitäten (68 %) und Fachhochschulen (32 %) einen Abschluß an. Fast 80 % von ihnen haben ihren ständigen Wohnsitz in Deutschland, von diesen ist der überwiegende Teil in Deutschland zur Schule gegangen und/oder hier geboren. Über 60 % der türkischen Studierenden kommen aus Arbeiterfamilien. Dies ist dadurch zu erklären, daß die Eltern im Rahmen des Anwerbevertrages als Industriearbeiter nach Deutschland gekommen sind und ihre Familien in den siebziger Jahren nachgeholt haben. Die türkischen Studierenden beginnen ihr Studium mit großem familiären Rückhalt. Viele Eltern der ersten Generation haben aus ihrer Heimat die Einstellung mitgebracht, nur ein Studium könne einen beruflichen Aufstieg und eine spätere Karriere vorbereiten. Ein Vergleich mit deutschen Familien gleicher sozialer Herkunft zeigt, daß in diesen Familien lediglich 16 % der Kinder studieren, außerdem studieren in Familien türkischer Bildungsinländer 85 % der Geschwister ebenfalls.

Es zeigt sich bei der Frage der sozialen Herkunft der Eltern eine Verschiebung von einer ländlichen zugunsten einer städtischen. Damit ist das überdurchschnittliche Bildungsniveau gerade der Mütter der Befragten zu erklären, denn aufgrund der Übernahme städtischer Denkstrukturen und des Wegfalls der zeitaufwendigen Frauenarbeit in der Landwirtschaft haben Frauen in den Städten eher die Möglichkeit, Bildungseinrichtungen zu nutzen. Die Einbindung in familiäre Strukturen bleibt auch während des Studiums entscheidend und setzt damit gleichzeitig der Mobilität der Studierenden Grenzen. 40 % der Befragten gaben an, noch bei ihren Eltern zu wohnen. Erstaunlich ist die Tatsache, daß 44,4 % der männlichen Bildungsinländer bei ihren Eltern wohnen, während dies lediglich 36,8 % der Studentinnen angaben. Man kann vermuten, daß die befragten Türkinnen eher dazu neigen, selbständig zu handeln und sich durch eigenständiges Wohnen der sozialen Kontrolle der Familie entziehen. Positiv ist zudem, daß sich der Anteil an Studentinnen seit 1985 verdreifacht hat und derzeit 32 % beträgt.

In der Wahl des Studienfaches ist ein Wandel festzustellen. Immer häufiger werden sprach- und kulturwissenschaftliche Fächer ausgewählt. Neben dem Interesse an dem ausgewählten Studiengang gab die Mehrzahl der Studierenden an, auch die Verwertbarkeit des jeweiligen Faches sowohl in der Türkei als auch in der Bundesrepublik zu berücksichtigen. Die Berufsaussichten in der Bundesrepublik werden zwar als bedeutsam eingeschätzt, aber eine Perspektive in der Türkei möchte man sich totzdem offenhalten. Am überraschendsten ist, daß 50 % derer, die Rechtswissenschaften studieren, ein Fach also, das in besonderem Maße auf die deutsche Gesellschaft zugeschnitten ist, die Berufsaussichten in der Türkei als sehr gut einschätzen. Dies legt den Schluß nahe, daß nicht tatsächliche Kenntnisse des türkischen Arbeitsmarktes zu einer positiven Bewertung der eigenen Berufschancen dort geführt haben, sondern eher die Antizipation eines „Türkei-Bonus".

Zu Beginn des Studiums brauchen türkische Studierende eine längere Zeit, um sich über Leistungsanforderungen, Studienverlauf oder Prüfungsvoraussetzungen zu informieren. Vor allem diese Probleme in der Eingewöhnungsphase verlängern das Studium durchschnittlich um 3,6 Semester gegenüber deutschen Studierenden. Mehr als ein Viertel der türkischen Studierenden klagte darüber, im universitären Alltag als Ausländer betrachtet und anderes behandelt zu werden als deutsche Kommilitonen. Individuelle Leistungen würden angezweifelt oder schlechter benotet als vergleichbare Leistungen deutscher Studierender. Ein Viertel der Studentinnen türkischer Herkunft fühlt sich aufgrund ihrer Position als Frau und als Ausländerin doppelt von Benachteiligungen betroffen. Ob berechtigterweise oder unberechtigterweise – eine Grundstimmung türkischer Studierender an deutschen Hochschulen?

Diese Kinder der ersten Migrantengeneration werden in Zukunft qualifizierte Tätigkeiten ausüben und den Aufstieg der türkischen Minderheit in die Mittel- und Oberschicht fördern. Zweisprachige Akademiker, die ihre Ausbildung in der Bundesrepublik absolviert haben, sind ein nicht zu unterschätzender volkswirtschaftlicher Faktor. Ihre Verbleibabsichten lassen sich dabei an den Veränderungen in der Fächerwahl ablesen: Studierte in den vergangenen Jahren die Mehrzahl der türkischen Studenten solche Fächer wie Ingenieur- oder Naturwissenschaften, die besonders in der Türkei gute Berufsaussichten boten, so verlagern sie sich heute auf Fächer wie Jura oder Lehramt, deren Zukunftschancen vor allem in der Bundesrepublik liegen.

*Weibliche Arbeitnehmer*

Die Rolle der Frau ist von einer großen Diversifizierung geprägt. Neben der Situation vor der Migration spielt es eine entscheidende Rolle, ob zuerst der Mann als Arbeitsmigrant in die Bundesrepublik ging und seine Frau nachholte, oder ob es die Frau war, die als „Pionierin" in das fremde Land kam, und ihr Mann später einreiste.

Blicken wir zurück: Mehr als 33 Jahre sind vergangen, seit die ersten Türken als sogenannte Gastarbeiter in die Bundesrepublik Deutschland kamen. Zu Beginn der türkischen Migration nach Westeuropa war der Anteil der Frauen an den Migranten gering. Zwischen 1961 und 1976 standen 678702 angeworbenen türkischen Männern nur 146681 Frauen gegenüber. Sie wurden vorwiegend als un- oder angelernte Arbeiterinnen im verarbeitenden Gewerbe oder Dienstleistungsbereich eingestellt, viele wurden gezielt in der Türkei für bestimmte frauenspezifische Tätigkeiten in der Industrie angeworben. Zum Teil waren sie von ihren Familien in der Hoffnung vorgeschickt worden, nach einer kurzen Zeit die Ehemänner oder andere männliche Familienmitglieder nachholen zu können. Es kamen allerdings auch alleinstehende, geschiedene oder verwitwete Frauen, die in ihren Heimatländern keine ökonomische Basis für ihr Leben finden konnten. Ein häufiges Motiv war auch der Wunsch, für sich die Chancen zu nutzen, ein neues Leben in Deutschland zu beginnen oder ein fremdes Land kennenzulernen. Dies gilt insbesondere für die jungen Frauen, die sich trotz qualifizierter Ausbildung in der Türkei als ungelernte Arbeiterinnen anwerben ließen. Diese Frauen bildeten allerdings die Minderheit.

Nahezu alle angeworbenen Frauen reisten allein ein und wohnten zunächst in Sammelunterkünften der Firmen, die sie angeworben hatten. Erstmals mußten sie ohne die gewohnte Familie im Hintergrund leben. Dies führte in vielen Fällen zu Vereinsamung, Heimweh, Ängsten und damit auftretenden Depressionen. Andererseits war damit jedoch die Chance verbunden, Selbständigkeit und Entscheidungswillen zu entwickeln. Auf diese Weise wurden neue Kompetenzen entwickelt, was oft Probleme mit den später hinzugezogenen Ehemännern nach sich zog, die diese Entwicklung ihrer Frau nur schwer akzeptieren konnten.

*Frauen in Abhängigkeit von ihren Männern*

Jene Frauen, die im Rahmen des Familiennachzugs nach Deutschland kommen, sind aufenthalts- und arbeitsrechtlich von ihren Ehemännern abhängig. So haben Ehefrauen erst nach drei Jahren Aufenthalt in Deutschland Anspruch auf eine allgemeine Arbeitserlaubnis. Findet in diesem Zeitraum eine Trennung oder Scheidung statt vom Ehemann, existiert „der Zweck des Aufenthalts" nicht mehr. Ihre Aufenthaltserlaubnis wird nicht verlängert, und sie werden abgeschoben. Eine weitere Schwierigkeit für türkische Frauen besteht darin, daß die Arbeitserlaubnis nur nach Lageentwicklung des Arbeitsmarktes erteilt wird, d. h., daß für den gewünschten Arbeitsplatz weder Deutsche noch sonstige Angehörige aus EU-Staaten zur Verfügung stehen dürfen.

Neben rechtlichen Schwierigkeiten haben Frauen in besonderem Maße Probleme mit ihrer Gesundheit. Bei Frauen der ersten Generation, die seit mehr als zwanzig Jahren in der Bundesrepublik leben, treten in verstärktem Maße seelische Störungen auf. Bedingt durch Heimweh, schlechte Arbeits- und Lebensbedingungen, zu wenig und schlechten Wohnraum, wächst das Gefühl des Unerwünschtseins. Verstärkt werden derartige Empfindungen durch die gegensätzlichen Normen und Erwartungen im Heimatland und dem Leben in Deutschland. Schlagwortartig sei nur auf die Generationskonflikte mit den Kindern, jahrelange Akkordarbeit, Doppel- oder Dreifachbelastung durch mehrere Arbeitsstellen nebeneinander und die zusätzliche Hausarbeit verwiesen. Vor allem diese Gruppe der Frauen prägt das Bild der Türkinnen in den Köpfen vieler Deutscher.

### *Die zweite Generation von türkischen Frauen*

Etwa zwei Drittel aller Türkinnen bilden die sogenannte „zweite Generation" und besitzen einen eigenen Aufenthaltsstatus. Da ihnen Deutsch meist geläufiger ist als die Sprache ihrer Eltern, übernehmen sie innerhalb der Familie oft Dolmetscher- und Vermittlerfunktion. Für Türkinnen der zweiten (und dritten) Generation können Probleme entstehen, wenn sie aus einer Familie kommen, in welcher die traditionsorientierten Ansprüche ihrer Eltern im Widerspruch stehen zu den Anforderungen der deutschen Umwelt. Unterschiedliche Vorstellungen bei der Wahl der Lebensform, des Berufes oder des Partners können zu Konflikten führen. Besonders bei Heiraten mit einem direkt aus der Türkei kommenden Mann ergeben sich für die hier aufgewachsenen Mädchen in vielen Fällen Probleme mit den geschlechtsspezifischen Rollenvorstellungen ihrer Ehemänner. Die aufenthaltsrechtliche Situation, die den nachgezogenen Ehemann für einige Jahre finanziell und rechtlich von seiner Ehefrau abhängig macht, verstärkt diese Schwierigkeiten.

Wieder muß an dieser Stelle darauf hingewiesen werden, daß es nicht „die" typische Vertreterin der zweiten Generation gibt. Für viele Frauen ist es heute selbstverständlich, das Gymnasium zu besuchen, zu studieren oder einen modernen Beruf zu ergreifen und wie ihre deutschen Freundinnen ihre Freizeit zu verleben. Dennoch werden türkische Frauen in der deutschen Öffentlichkeit meist als homogene Gruppe gesehen, die unverändert an ihren überlieferten Bräuchen festhält und sich nicht aktiv an gesellschaftlichen Prozessen beteiligt. Für viele sind sie lediglich Teil der türkischen Großfamilie, deren gesamte Außenkontakte über den berufstätigen türkischen Mann laufen. Die türkische Frau wird, so drückt es die Wissenschaftlerin Boryles-Gonzales aus, als „unterwürfige und selbstaufopfernde Figur ohne jegliche Menschenrechte" dargestellt, „die vom rücksichtslosen, machthungrigen Ehemann und von religiösem Fanatismus beherrscht wird".

In der Öffentlichkeit wird ebenfalls kaum wahrgenommen, daß es inzwischen auch Türkinnen gibt, die aus verschiedenen Gründen alleine leben. Das verstärkte berufliche und gesellschaftliche Engagement türkischer Frauen kann in manchen Fällen zum Bruch mit dem Ehepartner führen, der sich der ökonomischen und intellektuellen Veränderung seiner Frau nicht gewachsen fühlt. Das soziale Netz in der Bundesrepublik mit seinen Kindergärten, Ganztagsschulen und staatlichen finanziellen Unterstützungsmöglichkeiten ermöglicht es diesen Frauen, sich von ihren Männern zu trennen und ein selbstbestimmtes Leben zu führen. Diese Hilfen sind jedoch leider nicht ausreichend. 59 % der alleinerziehenden ausländischen Frauen 1988 besaßen ein monatliches Familieneinkommen von unter 1800 DM brutto. Zusätzlich entziehen sich in einigen Fällen geschiedene Ehemänner der Unterhaltszahlung für ihre Kinder, indem sie sich in ihr Heimatland absetzen, so daß die in Deutschland bleibende Frau zwar berechtigte Ansprüche hat, die aber kein Gericht zur Vollstreckung bringen kann.

Erschwerend kommen Bestimmungen aus der Ausländergesetzgebung hinzu. Für eine alleinstehende Frau mit Kindern gibt es keine Möglichkeit, durch eine Ausnahmeregelung eine Arbeit zu bekommen, bevor sie nicht fünf Jahre ununterbrochen in Deutschland gelebt hat. Die Sicherung ihres Lebensunterhaltes durch einen geregelten Arbeitsplatz ist für diese Frauen vorrangiges Ziel, zumal der längerfristige Bezug von Sozialhilfe Grund sein kann, die Aufenthaltserlaubnis nicht verlängert zu bekommen.

## *Eingeschränkter Arbeitsmarkt*

Die Berufstätigkeit erfüllt für die türkischen Frauen verschiedene Funktionen. Sie sichert ein eigenes Einkommen und damit mehr Unabhängigkeit, läßt sie einen Beitrag zum Familieneinkommen leisten und arbeitsbedingt außerhäusliche Kontakte knüpfen. Sprachkenntnisse und Handlungskompetenzen werden durch eine außerhäusliche Arbeit erweitert.

Türkische Frauen sind im „Schattengewerbe" relativ zahlreich vertreten. Viele Hausfrauen, die keine eigene Arbeitserlaubnis haben oder wegen der Kinder keine Ganztagsarbeit annehmen können, sind gezwungen, schlecht bezahlt und inoffiziell zu arbeiten. Aufgrund der schlechten Bezahlung müssen häufig mehrere dieser Nebentätigkeiten gleichzeitig bewältigt werden. Im Gegensatz zu den deutschen Frauen arbeiten mehr ausländische Frauen auch mit kleinen Kindern weiter, obwohl sie durchschnittlich mehr Kinder haben.

Der Arbeitsmarkt ist für türkische Arbeitnehmerinnen stark eingeschränkt. Eine freiwerdende Stelle muß zunächst einer Deutschen oder einer EU-Ausländerin angeboten werden. Erst wenn beide kein Interesse bekunden, kann die Stelle an eine türkische Bewerberin weitergegeben werden. Auch innerhalb der türkischen Frauen wird die Konkurrenz größer, da der Anteil der erwerbsfähigen weiblichen Bevölkerung unter den Ausländern zugenommen hat.

Ähnlich wie bei deutschen Frauen liegt auch bei den ausländischen Frauen daher die Arbeitslosenquote im Vergleich zu den Männern besonders hoch. Immer noch arbeitet das Gros der ausländischen Frauen im verarbeitenden Gewerbe und im niederen Dienstleistungsbereich. Allein in Nordrhein-Westfalen waren 1990 87% der Ausländerinnen als Arbeiterinnen tätig. Dies macht diese Gruppe für konjunkturelle Schwankungen anfällig. Sie sind in der Regel die ersten, die Rationalisierungsmaßnahmen zum Opfer fallen. Innerhalb der Türken sind es die Frauen, die etwa doppelt so stark von Arbeitslosigkeit betroffen sind wie die Männer. Interessanterweise zeigen gerade türkische Frauen einen hohen Grad gewerkschaftlicher Organisiertheit, der denjenigen der deutschen Frauen übertrifft.

## *Türkische Frauen als Opfer von Ausländerfeindlichkeit*

Durch die massive Fremdenfeindlichkeit, die sich vor allem gegen Asylbewerber und Türken richtet, geraten diese positiven Ansätze in Gefahr, zumal sich die Attacken der Rechtsradikalen auch gegen ausländische Frauen richten. Dabei sind die spektakulären Anschläge von Mölln und Solingen nur die Spitze des Eisberges. Allein bei diesen Brandanschlägen starben acht türkische Mädchen und Frauen. Viel häufiger sind die subtileren Formen der Fremdenfeindlichkeit. Einschüchterungsversuche, Beleidigungen und tätliche Angriffe sind für viele Türkinnen tägliche Realität.

So berichteten Frauen, daß ihnen das Kopftuch vom Kopf gerissen wurde und sie wegen dieses Kleidungsstückes verhöhnt wurden. Alleinlebende Frauen erzählen von Schikanen durch die Nachbarn, für die sie als Ausländerinnen, als „schutzlose" Frauen ohne männliche Begleitung, besonders leichte Ziele darzustellen scheinen. Immer wieder drohen rechtsextreme jugendliche deutsche Männer ausländischen Frauen, die alleine auf der Straße angetroffen werden, mit Gewaltanwendung und anderen Einschüchterungsmethoden. Die Erklärung hierfür liegt auf der Hand. Zunächst gelten Frauen im allgemeinen als hilfloser und passiver und damit bei direkten Auseinandersetzungen als leichtere Beute, bei der keine direkte gewaltsame Gegenreaktion zu befürchten ist. Zum anderen liegt die Vermutung nahe, daß hier –

ähnlich wie in Kriegszeiten – mit Anschlägen auf Frauen deren Männern die eigene Macht- und Hilflosigkeit deutlich gemacht wird, die Tatsache, daß sie nicht in der Lage sind, ihre Familie ausreichend zu schützen. Ausländer sollen dadurch in ihrer Persönlichkeit und Ehre getroffen werden.

Die Reaktionen auf seiten der ausländischen Frauen und ihrer Familien sind unterschiedlich. Der Strategie der Täter kommt die traditionelle Auffassung von den zwei Lebensbereichen von Männern und Frauen, die einen außerhalb des Hauses, die anderen innerhalb des Hauses, entgegen. Nach wie vor gilt bei türkischen wie auch bei anderen Familien aus dem orientalischen Kulturraum, daß das Haus der Wirkungs- und Herrschaftsbereich der Frauen ist. Männer halten sich auch in Deutschland mit Vorliebe in ihren eigenen Gruppen außerhalb des Hauses auf und verbringen ihre Freizeit vorzugsweise in Männercafés oder Vereinsräumen. Während die Männer oftmals im Schichtdienst arbeiten und somit zum Teil auch nachts nicht anwesend sind, halten sich die Frauen und Kinder im Haus oder der nächsten Umgebung auf. So sind die Reaktionen der Frauen auf die Gewalt von außen eher passiver Natur. Mehr noch als vor den Anschlägen in den Jahren 1992/93 wird inzwischen vermieden, auf die Straße zu gehen bzw. das nähere Umfeld des Hauses zu verlassen. Viele berufstätige muslimische Frauen nutzen öffentliche Verkehrsmittel nicht mehr zu späteren Abendstunden oder nur noch in größeren Gruppen bzw. lassen sich von ihren Männern abholen. Die Männer stellen eigene Nachtwachen in ihren Wohnvierteln auf, sprechen gemeinsam mit der Polizei Streifendienste ab. Neben männlichen ausländischen Jugendlichen nehmen zwar auch immer mehr ausländische Mädchen das Angebot zur Teilnahme an Selbstverteidigungskursen an. Allerdings stellt diese aktive Reaktion auf die Bedrohungssituation eher eine Ausnahme unter der weiblichen muslimischen Bevölkerung dar.

Die bisher zu beobachtende Entwicklung, daß Frauen verstärkt Fortbildungsangebote wie Deutsch- und Nähkurse angenommen haben, droht durch den Rückzug in die eigene Gruppe und in die häusliche Umgebung rückläufig zu werden. Positive Ansätze, Selbständigkeit zu erlangen, Kontakte außerhalb des familiären und nachbarschaftlichen Umfeldes zu knüpfen, sind durch die deutliche Angst vor ausländerfeindlichen Übergriffen bedroht. Hinzu kommt, daß die permanent angespannte Situation die psychosomatischen Erkrankungen bei ausländischen Frauen, die ohnehin aufgrund der Migrationssituation und Kulturkonflikterlebnisse weiter verbreitet sind als bei Deutschen, intensivieren kann.

Die eigene Angst vor Übergriffen sowie der Druck der männlichen Verwandten, sich in der Öffentlichkeit nicht mehr alleine und nicht mehr am späteren Abend zu zeigen, zieht besonders für die berufstätigen Frauen und die Mädchen der zweiten und dritten Generation die Einschränkung eines mühsam gewonnenen gesellschaftlichen Freiraumes nach sich.

## *Lebenssituation älterer Türken*

Da die türkische Bevölkerung in der Bundesrepublik Deutschland eine relativ junge Gesellschaft ist (mehr als die Hälfte sind zwischen 25 und 45 Jahre alt), standen die Anliegen dieser Altersklassen stets im Vordergrund der Diskussion. Doch ist in den letzten zwei Jahren verstärkt eine Gruppe ins Blickfeld gerückt, die bislang für die in der Ausländerpolitik tätigen Organisationen und Institutionen kein Thema war – die älteren Türken.

Nach jüngsten Zahlen aus dem Jahre 1992 sind etwa 106 900 Türken in Deutschland älter als 55 Jahre. Nach allen vorliegenden Prognosen ist davon auszugehen, daß diese Zahl in den nächsten Jahren weiter drastisch steigen wird. Für diese Annahme sprechen in erster Linie die von Türken in diversen wissenschaftlichen Untersuchungen geäußerten Verbleibabsichten. Hinzu kommt der Anstieg türkischer Rentner in den letzten Jahren. Dadurch wird auch die bundesdeutsche Altenhilfe mit einer neuen Klientel und damit mit neuen Problemen konfrontiert.

Es gilt dabei vor allem auf die spezifischen Probleme und auf die Lebenssituation älterer Türken einzugehen und entsprechende Leistungen anzubieten. Obwohl diese Thematik insgesamt stark an Bedeutung gewonnen hat, ist das Wissen über die Lebenssituation und über die Folgeprobleme bei den Verantwortlichen relativ gering. Wissenschaftlich fundierte Erkenntnisse zum Thema „ältere Ausländer" liegen erst seit kurzem und in einem nur sehr begrenzten Umfang vor. Eine systematische Bestandsaufnahme und Analyse der mit dem Prozeß des Alterns verbundenen Probleme türkischer Einwohner in der Bundesrepublik Deutschland wurde erst im Jahr 1993 vom Zentrum für Türkeistudien im Auftrag des Bundesarbeitsministeriums und des Ministeriums für Arbeit, Gesundheit und Soziales des Landes Nordrhein-Westfalen erhoben.

### *Finanzielle, gesundheitliche und psychische Probleme*

Von ihren deutschen Altersgenossen unterscheiden sich die älteren Türken der ersten Generation zunächst einmal darin, daß sie auch nach 20 oder 30 Jahren in der Bundesrepublik noch eine sehr starke Distanz zur deutschen Gesellschaft und zu deutschen Organisationen und Institutionen beibehalten haben. Hinzu kommt ein verstärktes Heimwehgefühl, da Teile der Familie und Freunde noch in der Türkei leben. Zusätzlich treten ähnliche Probleme auf wie bei deutschen Senioren, allerdings in ausgeprägterer Form.

Dazu zählen die unzureichende wirtschaftliche Absicherung im Alter und die überdurchschnittlich starken Belastungen. Die finanziellen Probleme resultieren vielfach aus der Tatsache, daß vor allem Türken der ersten Generation häufig sehr schlecht bezahlte Tätigkeiten ausgeübt und relativ spät in die deutsche Rentenversicherung eingezahlt haben. Aus diesem Grund erhalten türkische Rentner häufig nur sehr geringe Renten. Jeder dritte türkische Rentner verfügt lediglich über ein monatliches Pro-Kopf-Einkommen, das unter dem Sozialhilfesatz für Haushaltsvorstände liegt. In direktem Zusammenhang mit der schlechten finanziellen Situation stehen die starken gesundheitlichen Belastungen, denen türkische Rentner ausgesetzt sind. Die Arbeitsplätze der ersten Generation von Türken waren in der Regel nicht nur schlecht bezahlt, sondern meist auch schmutzig und gesundheitsgefährdend. Etwa jeder dritte türkische Rentner hat derart gravierende gesundheitliche Beeinträchtigungen erlitten, daß sie zu einer amtlichen Anerkennung der Minderung der Erwerbstätigkeit geführt haben.

Zu den körperlichen kommen häufig psychische Probleme, die auf die spezielle Situation als Ausländer in der Bundesrepublik Deutschland zurückzuführen sind. Insbesondere kommt es oft zu Generationskonflikten, die durch unterschiedliche Vorstellungen von Alter und Lebensabend bedingt sind.

So ist es beispielsweise in der Türkei selbstverständliche Aufgabe der Eltern, den jüngeren Familienmitgliedern als lebenserfahrene Ratgeber zur Seite zu stehen. Mit dieser Rolle ist gleichzeitig eine hohe gesellschaftliche Anerkennung verbunden. Die entsprechend stark ausgeprägte Orientierung auf die eigene Familie erhält in der Bundesrepublik unter den speziellen Migrationsbedingungen eine besonders wichtige Funktion, kann aber auch zu starken Konflikten führen, zumal viele jüngere Türkinnen und Türken „deutsche" Grundeinstellungen zur Familie und zum Verhältnis der Generationen untereinander übernommen haben.

Die Erwartungen der älteren Türken an ihre Kinder sind prinzipiell relativ groß. Sie richten sich in erster Linie auf die Pflege und Betreuung im Alter. Es ist davon auszugehen, daß den in der Bundesrepublik lebenden Türken die vorhandenen mobilen und stationären Dienste, die Angebote und Einrichtungen der Altenhilfe durchaus bekannt sind, doch nur ein geringer Teil wäre bereit, beispielsweise in ein Altersheim überzusiedeln, zumal die Altersheime in Deutschland vorwiegend konfessionell gebunden sind. Dagegen sind die anderen Leistungen der Altenhilfe wie beispielsweise mobile häusliche Dienste und das „Essen auf Rädern" stärker akzeptiert.

*Illusion der Rückkehr*

Obwohl nach wie vor viele der älteren Türken ihre Absicht äußern, in Kürze in ihr Heimatland zurückzukehren, handelt es sich dabei wohl mehr um eine Wunschvorstellung denn ein tatsächliches Verhalten. Die meisten von ihnen können keinen genauen Zeitpunkt für ihre Rückkehr angeben. Sie leben bereits sehr lange in der Bundesrepublik, haben ihren Wunsch nach einer Rückkehr in die Türkei permanent verschoben und meist auf den Zeitpunkt nach dem Ausscheiden aus dem Berufsleben festgelegt. Und nun müssen sie feststellen, daß eine Rückkehr in ihre Heimat illusorisch ist.

Viele Freunde und Verwandte in der Türkei, zu denen man jahrelang Kontakt gehalten hatte, leben nicht mehr, die Kontakte sind geringer geworden. Kinder und Enkel sind zum Teil hier in der Bundesrepublik geboren und aufgewachsen. Viele Angehörige der zweiten Generation sprechen besser deutsch als türkisch und haben sich hier in der Bundesrepublik ein Leben aufgebaut. Und schließlich sind die 20 bis 30 Jahre in der Bundesrepublik – trotz gewachsener Fremdenfeindlichkeit – Teil des Lebens der Angehörigen der ersten Generation.

## *Lebensabend in Deutschland?*

Das Ideal der türkischen Großfamilie, in der mehrere Generationen unter einem Dach leben, läßt sich hier in der Bundesrepublik häufig nicht realisieren. Zum einen möchten insbesondere junge Türken und Türkinnen nicht mehr so in die Pflicht genommen werden und richten sich auf ein von der Großfamilie unabhängiges Leben ein. Zum anderen ist es für viele ausländische Familien, insbesondere Türken, relativ schwierig, große Wohnungen anzumieten, die den Raum für das Leben in einer Großfamilie bieten würden. Zudem sind die Mietpreise in den letzten Jahren so explodiert, daß, selbst wenn eine türkische Familie eine derartige Wohnung finden würde, diese kaum bezahlbar wäre.

Die Situation für ältere Türken hier in der Bunderepublik stellt sich also relativ problematisch dar. Einen großen Teil ihres Lebens haben diese Menschen in der Bundesrepublik schwer gearbeitet und relativ wenig erreicht. Ihr Lebensziel, eine Rückkehr in die Türkei in Wohlstand und Ansehen, ließ sich häufig nicht realisieren. Hier in der Bundesrepublik haben sie es unter Umständen zu einem bescheidenen Wohlstand gebracht, leiden aber unter vielfachen Einschränkungen. Dabei häufen sich die Probleme im gesundheitlichen, finanziellen und familiären Bereich. Ein Sozialarbeiter formulierte es so: „Diese Menschen stehen vor den Scherben ihres Lebens. Sie sind mit großen Hoffnungen in die Bundesrepublik gekommen und stehen am Ende doch mit leeren Händen da. Spätestens beim Ausscheiden aus dem Arbeitsleben gehen die letzten sozialen Kontakte zu Deutschen verloren. Generationskonflikte, finanzielle Probleme und eine zerstörte Gesundheit geben ihnen den Rest." So ist es auch kein Wunder, daß viele ältere Türken ihre Zukunft ausgesprochen zwiespältig sehen.

Als Ausländer aus einem Nicht-EU-Land sind insbesondere ältere Türken bei ihrer Rückkehrentscheidung unentschlossen. Während es für italienische oder griechische Senioren überhaupt kein Problem ist, in ihr Heimatland zurückzukehren und gegebenenfalls wieder in die Bundesrepublik einzureisen, ist die Rückkehr für einen Türken endgültig. Dabei sind es bei weitem nicht immer allein pragmatische Gründe, die eine eindeutige Entscheidung für die Betroffenen unmöglich machen. Viele türkische Rentner tun das, was sie ihr Leben lang gemacht haben – sie pendeln zwischen den Kulturen. Das heißt, sobald es ihre Gesundheit und ihr finanzieller Rahmen erlaubt, verbringen sie einige Monate in der Türkei, kehren zurück in die Bundesrepublik, um ihre Aufenthaltsberechtigung nicht zu verlieren, und reisen dann erneut in die Türkei ein.

### *Angebote der Altenhilfe*

Eine künftige sachgerechte und verantwortungsvolle Politik gegenüber diesem Personenkreis, der seinen Teil zum jetzigen Wohlstand in der Bundesrepublik beigetragen hat, ist dringend erforderlich. Multikulturelle Senioreneinrichtungen beispielsweise sind noch so gut wie unbekannt. Angefangen von Altentagesstätten, Betreuungsdiensten (z.B. Essen auf Rädern) bis hin zu Seniorenzentren und -heimen sind alle Einrichtungen auf die Bedürfnisse und Gewohnheiten deutscher Senioren ausgerichtet und zudem noch häufig konfessionell gebunden. Die deutschen Senioren betrachten diese Einrichtungen als die ihrigen, in denen Ausländer nur als Arbeitskräfte im Pflegedienst oder in der Küche ihren Platz haben – Schwierigkeiten zwischen Fremden gerade auch in der älteren Generation.

Für die Türken der ersten Generation kommt erschwerend hinzu, daß sie in die Freizeitkultur der Bundesrepublik in der Regel wenig integriert sind und außerdem ihr Alter nicht so, wie sie es aufgrund der eigenen Tradition und Familienerfahrung gewohnt sind, in der Bundesrepublik gestalten können. Die zweite und dritte Generation lebt eher an die bundesdeutschen Verhältnisse angepaßt, d.h. häufig sind z.B. auch die Frauen berufstätig. Es ist also kaum möglich, mit der zweiten und dritten Generation zusammenzuleben, und es ist abzusehen, daß vor allem ältere Türken häufig in zahlreichen Problembereichen auf sich allein gestellt sein werden. Als positiv kann gesehen werden, daß viele türkische Familien noch ein gewisses Selbsthilfepotential bilden.

Es ist eine soziale Verantwortung und moralische Pflicht, diese Menschen nicht durch das soziale Netz fallen zu lassen. Auch wenn dieser Bereich der Ausländerpolitik viele Jahre lang kein Thema war, da man damit rechnete, daß die Türken spätestens mit Erreichen des Rentenalters in ihre Heimat zurückkehren würden, wird man sich heute darauf einstellen müssen, daß der überwiegende Teil der ins Rentenalter eingetretenen türkischen Senioren ihren Lebensabend in der Bundesrepublik verbringen wird.

## 5. Muslime in Deutschland

In der bundesdeutschen Öffentlichkeit und in der einschlägigen Literatur wird pauschal davon ausgegangen, daß die Integrationsprobleme der Türken auf ihrer Religion beruhen. Trotz einer mehr als 33jährigen Anwesenheit von Türken in der Bundesrepublik sowie der langen Tradition deutsch-türkischer Beziehungen ist das Wissen über Türken und den Islam äußerst gering geblieben. Über aktuelle Entwicklungen in den islamischen Organisationen in der Bundesrepublik gibt es nur lückenhaft Informationen. Dabei ist allein die Annahme, daß alle Türken wirklich praktizierende Muslime seien, grundsätzlich falsch.

Richtig ist, daß die Mehrzahl der in der Bundesrepublik Deutschland lebenden türkischen Staatsangehörigen Muslime sind. Daneben rechnen sich etwa 1 % aller türkischen Staatsangehörigen zu den Yeziden. Die Angehörigen der yezidischen Religion gehören zur ethnischen Gruppe der Kurden. Während ehemals größere Teile der Kurden Yeziden waren, sind sie heute überwiegend Muslime. Der Yezidismus gilt als eine Mischreligion mit Mythen und Praktiken u.a. aus dem Christentum, dem Islam und dem Zoroastrismus. Außerdem gehört eine kleine Gruppe von türkischen Staatsbürgern auch dem Christentum an, dies sind in der Mehrzahl assyrische Christen aus dem Südosten der Türkei.

Insgesamt bildet der Islam in Deutschland die drittgrößte Religionsgemeinschaft neben den beiden christlichen Konfessionen. Im allgemeinen wird angenommen, daß der Islam erst mit den türkischen Arbeitnehmern in den sechziger Jahren dieses Jahrhunderts nach Deutschland gekommen sei und somit für Deutschland ein neues Phänomen darstelle. Da mag die Tatsache verwundern, daß seit mehr als 260 Jahren Muslime in Deutschland leben. Bereits im Jahr 1731 vermachte der Herzog von Kurland dem Preußenkönig Friedrich Wilhelm I. 20 türkische Gardesoldaten. In den darauffolgenden 230 Jahren existierten weiterhin immer einige kleinere muslimische Gemeinden in Deutschland, vor allem in Berlin, doch spielten sie nur eine sehr untergeordnete Rolle.

So hatten die Deutschen, bevor die ersten türkischen Arbeitnehmer in den sechziger Jahren in die Bundesrepublik kamen, kaum die Möglichkeit, mit Muslimen in Kontakt zu treten. Die öffentliche Auseinandersetzung mit dem Islam in der Bundesrepublik hat erst eine etwas mehr als 30jährige Geschichte. Anfang der achtziger Jahre erfaßte sie auch breitere Schichten, nachdem die Thematik lange dem Diskurs der einschlägigen wissenschaftlichen Disziplinen überlassen worden war. In der Bundesrepublik spielen dabei naturgemäß die Türkei und der türkische Islam eine Hauptrolle, ganze Berufsgruppen werden von einer Thematik herausgefordert, auf die sie nach dem traditionellen deutschen Bildungskanon wenig vorbereitet sind.

Die Frage nach den Möglichkeiten eines Zusammenlebens zwischen Christen und Muslimen stellt sich in der Bundesrepublik immer unausweichlicher, nachdem die Mehrzahl der Türken langfristig in der Bundesrepublik verbleiben möchte. Ging es in den siebziger und achtziger Jahren vorwiegend um Kindergärten, weiterführende Schulen und den Bereich des Übergangs Schule/Beruf, steht seit Anfang der neunziger Jahre in der Bundesrepublik mit den türkischen Rentnern, die nicht in ihr Heimatland zurückkehren werden, eine weitere sozialpolitische Aufgabe ins Haus.

Es muß in diesem Zusammenhang deutlich gemacht werden, daß die Religion kein Hemmnis zur Integration sein muß. Sie gehört jedoch für die Mehrheit der türkischen Bevölkerung zu ihrer Identität und ist zudem als Ausgleich zu bzw. Antwort auf soziale Probleme (Arbeitslosigkeit, Wohnungsnot etc.) ein fester Bestandteil des gesellschaftlichen Lebens dieser Bevölkerungsgruppe in Deutschland.

Eine zunehmende Ausländerfeindlichkeit in der Bundesrepublik fördert den Rückzug auf eigene kulturelle Werte, insbesondere auf die Religion. Ausländerfeindliche Gruppierungen stellen Muslime und insbesondere Türken als Symbol der Überfremdung dar. Dabei wird dann häufig auf den Islam verwiesen, der eine Integration unmöglich mache. Doch wer weiß wirklich etwas über den Islam, die Weisungen des Korans und die verschiedenen in Deutschland aktiven islamischen Organisationen?

## *Islam und Christentum*

Das Wort Islam ist arabisch und bedeutet etwa „Ergebung in den Willen Gottes". Der Islam entstand als jüngste Weltreligion im 7. Jahrhundert auf der arabischen Halbinsel. Der Religionsstifter und letzte Prophet des Islams war Mohammed (ca. 570–632), ein Händler aus Mekka, der im Alter von 40 Jahren begann, die Offenbarungen, die ihm nach muslimischem Verständnis durch den Erzengel Gabriel von Allah (Gott) gesandt wurden, unter seinen Anhängern zu verbreiten. Mit der Verbreitung des Islam und den göttlichen Weisungen als Rechtsgrundlage baute er gleichzeitig einen islamischen Staat auf und einte Arabien.

Islam und Christentum – für viele gelten diese beiden Religionen als grundverschieden. Dabei ist den meisten nicht bekannt, daß der Islam wie das Christentum und auch das Judentum eine abrahamitische Religion ist. Viele Elemente aus dem Alten Testament sind im Koran wiederzufinden. Auf die Bereitschaft Abrahams, seinen Sohn auf Gottes Befehl hin zu opfern, geht z.B. eines der wichtigsten islamischen Feste, das Opferfest, zurück. Gemeinsamkeiten können auch im Alltag entdeckt werden, so sind z.B. bei den Muslimen viele auch bei den Christen bekannte Namen gebräuchlich wie Adem (Adam), Ibrahim (Abraham), Davut (David), Cebrail (Gabriel) etc.

Zwei wesentliche Unterschiede zwischen dem Religionsstifter Mohammed und Jesus Christus sind zu betonen: Mohammed war zugleich der religiöse und staatliche Führer; als Religionsstifter ist er lediglich Prophet Gottes, ihm selbst haftet nichts Göttliches an. Jesus, für die Muslime ebenfalls ein anerkannter und einer der wichtigsten Propheten, gilt für die Christen dagegen als Sohn Gottes, was Muslime deswegen nicht akzeptieren können, weil sie dies mit dem Bruch der Einzigartigkeit Gottes gleichsetzen. Deswegen sollten sie auch nicht analog zu Christen als Mohammedaner bezeichnet werden, sondern als Muslime („Anhänger des Islam").

## Der Koran

Der Koran (arab. „Lesung, Rezitation") sind die Botschaften, die Allah Mohammed offenbart hat. Mohammeds Anhänger haben diese gesammelt und auf Arabisch aufgeschrieben. Daher ist der Koran die theologische Grundlage des Islams, mit zahlreichen Bestimmungen zur islamischen Gesellschaftsordnung sowie zu den Pflichten des einzelnen Gläubigen.

Obwohl sich der Islam als die letzte Weltreligion versteht, erkennt er die vor ihm entstandenen Buchreligionen, Judentum und Christentum, und damit deren Propheten an. Der Islam trennt nicht zwischen Weltlichem und Heiligem im Lebensalltag der Menschen, die Gebete sind Teil des Tagesablaufes und können in der jeweiligen Umgebung auf sauberem Boden – und hier kann anstelle eines Teppiches auch eine frische Zeitung dienen – verrichtet werden. Betont wird besonders die Bedeutung des einzelnen innerhalb der Gemeinde der Gläubigen (arab.: *umma*), die sich nur auf den gemeinsamen Glauben an Gott beruft, über alle Stammesgrenzen und damit auch heutige Nationalitäten hinweg. Folglich ist der Islam in seinem Wesen weder nationalistisch noch rassistisch.

Aufgrund des Gleichheitsprinzips aller Muslime vor Gott gibt es keinen Priesterstand, der zwischen Gott und den Menschen vermittelt. Es gibt nur Leiter einzelner Gemeinden *(imam, hoca)* die keiner besonderen Weihe bedürfen, aber nach orthodoxer Praxis eine theologische Ausbildung haben sollten, um ihr Amt ausüben zu können.

## Moscheen

Ein Gläubiger und praktizierender Muslim betet fünfmal am Tag zu festgelegten, aber u. U. flexibel zu handhabenden Tageszeiten. Das Gebet wird in Richtung der Stadt Mekka verrichtet, die das größte Heiligtum des Islams, die Kaaba (ein würfelartiger Bau, der von einer Moscheeanlage umgeben ist), beherbergt und auch Geburtsstadt des Propheten Mohammed ist. Vor dem Gebet findet, gemäß den Weisungen des Korans und dem Vorbild des Propheten Mohammed, eine rituelle Reinigung bestimmter Körperteile nach festgelegter Art und Weise statt. Das Gebet kann überall verrichtet werden, vorausgesetzt, der Ort ist sauber, d. h. nicht rituell beschmutzt durch Blut, Kot etc., was durch die Verrichtung des Gebetes auf einem Teppich, Tuch oder eben im Notfall einer Zeitung gewährleistet ist. Die Verrichtung des Gebets, das in wenigen Minuten und an jedem Ort stattfinden kann, wird in Deutschland in vielen Betrieben nach wie vor als Störung des Betriebsablaufs empfunden, auch wenn dies aufgrund der relativ flexiblen Gebetszeiten (Spielraum von jeweils zwei Stunden) kein Problem darstellen müßte.

Im Islam wird das Gemeinschaftsgebet als um ein vielfaches verdienstvoller gewertet als das allein praktizierte Gebet. Jedoch sind nur die Männer verpflichtet, das Gebet in der Gemeinschaft zu sprechen. Den Frauen steht es frei, zu Hause oder in der Moschee zu beten. Dort steht ihnen zumeist ein getrennter Bereich zur Verfügung, der von Männern nicht betreten werden darf. Andernfalls beten die Frauen in den hinteren Reihen, was keine Rückschlüsse etwa auf ihre geringere Bedeutung zuläßt, sondern in Anbetracht der Tatsache, daß das Gebet in dicht gedrängten Reihen und mit körperlicher Aktivität verrichtet wird, verhindern soll, daß sich Männer und Frauen von dem Wesentlichen, dem Gebet, ablenken.

In Deutschland, wo sich die Migranten mit den vorgefundenen gesellschaftlichen und damit auch infrastrukturellen Rahmenbedingungen arrangieren müssen, sind Moscheen oftmals in ehemaligen Fabriken oder anderen Gebäuden untergebracht. Diesen

Moscheen sieht man von außen ihre Funktion nicht an. Der Bau von Moscheen mit einer Kuppel und dem typischen Minarett, von den muslimischen Gläubigen gewünscht, wird hier von den Gemeinden nicht vorbehaltlos genehmigt. Probleme um die Höhe des Minaretts im Vergleich zu den höchsten Kirchtürmen der Stadt tauchen regelmäßig auf. Ein Beispiel hierfür ist der Moscheebau in Zentrumsnähe der Stadt Mannheim, dem erst nach langen Diskussionen und Begegnungsveranstaltungen zugestimmt wurde. Auch bezüglich des Gebetsrufes durch den Müezzin (Gebetsrufer) gibt es Schwierigkeiten in den Kommunen, da dies als für die nichtmuslimischen Anwohner belästigend abgelehnt wird.

## *Orte der Begegnung*

Moscheen sind, anders als Kirchen, nicht nur Orte des Gebetes, sondern auch der Begegnung und der Lehre sowie Ruheplätze für Reisende.

Gerade größere Moscheen haben oft viele Funktionen. So sind ihnen z.B. Ausbildungsstätten, an denen auf der Basis des Islam Theologen und Rechtsgelehrte ausgebildet werden, angegliedert. In Deutschland befinden sich im Moscheebereich auch Bibliotheken mit religiöser Literatur, Videotheken mit religiös orientierten Filmen, Lebensmittelgeschäfte, wo rituell reine Lebensmittel verkauft werden. (Rituell rein heißt z.B., daß sie ohne Schweinefleisch oder wirbellose Meerestiere und ohne Alkohol hergestellt wurden und daß das Fleisch von Tieren stammt, die nach islamischen Schächtvorschriften getötet wurden.) Darüber hinaus haben die Moscheen auch eine weitere soziale Funktion: Sie dienen als Treffpunkte, insbesondere der älteren Männer, die gerne die angegliederten Teestuben besuchen. Häufig werden die Räumlichkeiten der Moschee auch für Hochzeits- oder Beschneidungsfeste zur Verfügung gestellt. Inzwischen haben viele Moscheen ein breites Spektrum an Aktivitäten in ihrem Angebot, so bieten sie u.a. auch Alphabetisierungskurse für Frauen, Deutsch- und Nähkurse, Sozialberatung und diverse Gesprächskreise an. Für die Jugendlichen gibt es neben Hausaufgabenhilfen, EDV-Kursen und dergleichen an einigen Moscheen die beliebten Kampfsportkurse (z. B. Judo, Karate).

### *Die türkische Frau und ihr Kopftuch.*
### *Eine unendliche Geschichte*

Ein zentrales Thema, das immer im Zusammenhang mit dem Islam diskutiert wird, ist das Tragen von Kopftüchern der türkischen bzw. muslimischen Frauen. Dabei erhitzen sich die Gemüter jeweils derart, daß je nach Standpunkt das Kopftuch den Stellenwert eines Instrumentes des Zwanges bzw. des Schutzes erhält. Welche Vorschriften stehen aber dahinter? Im Koran heißt es dazu sinngemäß, daß die Frauen ihre Schönheit in Gegenwart fremder Männer nicht enthüllen sollen, außer dem, was davon notwendig sichtbar werde. Es gibt Deutungen, nach denen sich dieses Bedeckungsgebot nur auf die Frauen aus der Familie des Propheten bezieht. Ein Kopftuchzwang oder direktes Schleiergebot wird weder ausgesprochen, noch wird es im Gesetz allgemein gefordert. Das Kopftuch gehört zu den Sitten, die auch vor- und außerislamische Wurzeln aufweisen. So war schon bei den Byzantinern der Schleier in der (städtischen) Öffentlichkeit Ausdruck der gehobenen Herkunft einer Frau im Gegensatz zu den unverschleierten Dienerinnen oder Sklavinnen. Der Schleier hat darüber hinaus die Bedeutung, die Zuordnung der Frau zum Inneren des Hauses und ihre Unantastbarkeit durch andere Männer zum Ausdruck zu bringen. Zum Teil erfüllt das Kopftuch auch einfach die Funktion eines Schutzes vor Umwelteinflüssen wie Sonne, Regen, Wind.

In einigen Kreisen wird die Kopfbedeckung sogar zu einem modischen Accessoire, von dem eine ganze Kopftuchindustrie lebt. Weibliche Mitglieder verschiedener religiöser Vereine in Deutschland signalisieren durch eine spezifische Art, das Kopftuch zu binden und zu tragen, ihre Zugehörigkeit zu dem jeweiligen Verein. Darüber hinaus kann der Schleier auch als Ausdruck des Protestes gegenüber Unterdrückung religiöser Bewegungen bzw. des Bekenntnisses zum Islam benutzt werden. So haben iranische Frauen im Vorfeld der iranischen Revolution, die sich gegen die vom Schah verordnete Verwestlichung des Landes richtete, demonstrativ den „Tschador", den schwarzen Ganzkörperschleier, getragen.

## *Schlachtvorschriften*

Ein weiterer Punkt, an dem die Gemüter sich häufig erhitzen, sind Schlachtvorschriften der Muslime. Hintergrund ist die Vorschrift im Koran, daß Muslime (wie auch Juden) nur „geschächtetes" Fleisch essen dürfen, das nach den rituellen Schlachtvorschriften, d.h. durch das Durchschneiden beider Halsschlagadern, verarbeitet wurde. Diese Praxis widerspricht allerdings den Schlachtvorschriften und dem Tierschutzgesetz der Bundesrepublik. In einigen Bundesländern (z.B. Hessen) gibt es zwischen den Muslimen und den Behörden Diskussionen um einen Kompromiß, der eine Schächtung der Tiere nach vorheriger Betäubung vorsieht. Es wäre wünschenswert, wenn es hier zu einer für alle Teile akzeptablen Lösung und von anderen Bundesländern zu übernehmenden Regelung käme. Damit würde auch dem illegalen, unkontrollierten Schlachten, wie es vor allem von gläubigen türkischen Familien während des islamischen Opferfestes praktiziert wird, ein Ende gesetzt werden. Ansonsten wird dieses Problem im Alltag nicht unbedingt deutlich, da die strengen Muslime unter der türkischen Bevölkerung sich durch importiertes Fleisch oder den an einigen Orten geduldeten „türkischen Schlachthöfen", die in deutsche Schlachtbetriebe integriert sind, versorgen. Das Schlachten von Tieren im Haushalt oder im Hinterhof ist jedoch bei weitem keine tägliche Realität. Es ist eine Minderheit unter den orthodoxen Muslimen, die ja wiederum eine Minderheit unter allen Türken in der Bundesrepublik sind, die derartige rituelle Handlungen selbst ausführt. Dennoch stehen noch immer solche Einzelfälle als Ausdruck der Integrationsschwierigkeiten von Türken mehr im Blickpunkt der deutschen Öffentlichkeit als die Integrationserfolge.

*Die türkische Bevölkerung und ihre Feste*

Die wichtigsten Feste der Türkei behalten auch in Deutschland ihre Bedeutung. Gerade in einer fremden Umgebung dienen Feste – religiöse und Familienfeiern – verstärkt der Demonstration der traditionellen Werte innerhalb der türkischen Bevölkerung, aber auch gegenüber der deutschen Mehrheit. Sie bewirken damit eine Festigung der eigenen Gruppe, auf deren Verläßlichkeit man hier noch mehr angewiesen ist als in der Heimat.

## *Das Opferfest (kurban bayramı)*

Das viertägige Opferfest ist das wichtigste islamische Fest. Es erinnert an die Bereitschaft Abrahams, auf Gottes Willen hin seinen Sohn Ismael zu opfern. Zum Opferfest, in seiner besonderen Bedeutung für die Familie vergleichbar mit Weihnachten, werden symbolisch für diese Opferbereitschaft ein Huhn, ein Schaf oder ein Ochse geschlachtet, je nach eigenem Vermögen. Nach dem Koran soll das Opferschlachttier jeweils zu einem Drittel an arme Leute und an Verwandte/Bekannte verteilt werden, das verbleibende Drittel ist für den eigenen Verzehr gedacht. Die Verteilung von Opfertieren und -fleisch ist auch heute noch üblich. An Opferfesten stattet man sich gegenseitig Besuche ab und überreicht Geschenke. Die Kinder erhalten Süßigkeiten, Taschentücher und kleinere (Geld-)Geschenke. Gerade in der Fremde bietet das Opferfest einen besonderen Anlaß, Freunde und Bekannte zu treffen.

## *Fastenmonat (Ramazan)*

Eine weitere bedeutende islamische Tradition stellt der Fastenmonat (türkisch *Ramazan*) dar. Das Fasten im neunten islamischen Monat, dem Ramadan (arab. Schreibweise), ist für Muslime neben dem täglichen Gebet das wichtigste Zeugnis für ihre Verbundenheit mit dem Islam. Die Fastenzeit dauert 27 Tage. Da sich der islamische Kalender nach dem Mond richtet und 13 Monate hat, ist nach der gregorianischen Zeitrechnung der Beginn der Fastenzeit beweglich. Fasten heißt, von Sonnenaufgang bis Sonnenuntergang auf Essen, Trinken, Rauchen und Geschlechtsverkehr zu verzichten. Durch das Fasten, so glaubt der Muslim, kann er bei Gott eine Vergebung seiner Sünden erwirken. Andererseits ist der Ramadan auch der Monat der Geduld, deren Lohn das Paradies ist. Auch Versöhnung, Barmherzigkeit, Vergebung sind mit ihm verbunden. Je nach körperlicher Verfassung der Fastenden können die Regeln mehr oder weniger strikt durchgeführt werden. So sind beispielsweise Kinder, Kranke oder Schwangere vom Fasten befreit. Außerdem bleibt es dem einzelnen selbst überlassen, wie strikt er sich an den religiösen Vorschriften orientiert.

### *Ramadanfest (şeker bayramı)*

Das „Zuckerfest" wird am Ende der Fastenzeit gefeiert und dauert drei Tage. Der Name kommt daher, daß im Zuge der Festvorbereitungen viele Süßspeisen für die erwarteten Festtagsbesucher hergestellt werden und die Kinder viele Süßigkeiten geschenkt bekommen (freilich ist diese Sitte größtenteils – einem allgemeinen, auch in Deutschland zu beobachtenden Trend folgend – der Verteilung von Geld- und Sachgeschenken gewichen). Im Gegenzug zu ihrer Respektsbezeugung gegenüber den Erwachsenen, die sie traditionell durch das Küssen der Hand, die anschließend an die Stirn geführt wird, zeigen, werden die Kinder von den Erwachsenen beschenkt. Die drei Festtage des *şeker bayramı* sind angefüllt mit gegenseitigen, zumeist im ganzen Familienverband durchgeführten Besuchen von Verwandten und Bekannten.

## Beschneidung

Die Beschneidung (das heißt die Entfernung der Vorhaut) von Jungen spielt in der islamischen Gesellschaft eine große Rolle, obwohl sie eigentlich einen Brauch aus dem Judentum darstellt und im Koran nicht ausdrücklich erwähnt wird. Ursprünglich wird sie aus hygienischen Gründen durchgeführt worden sein. Die Beschneidungszeremonie stellt für die Jungen den Übergang vom Kind zum Mann dar. Die Initiation eines Jungen wird als gesellschaftliches Ereignis gefeiert, wobei der Junge traditionell ein besonderes Gewand bzw. einen Anzug trägt, der ihm das Erscheinungsbild eines „kleinen Prinzen" verleiht. Nach dem Ereignis wird er reich beschenkt. Auch in Deutschland werden türkische Jungen beschnitten. So haben sich in einigen Städten professionelle Beschneider und Geschäfte für Beschneidungskostüme etabliert. Zu der Zeremonie, die den Ritualen des Herkunftslandes folgt, werden türkische Bekannte und Verwandte, jedoch auch deutsche Arbeitskollegen und Freunde geladen. Manche Familien legen die Beschneidung ihrer Söhne auch in die Urlaubszeit und feiern das Fest – oftmals viel aufwendiger und teurer als in der Bundesrepublik – im Kreis der Familie und Nachbarschaft in der Türkei.

## Hochzeit

Auch Hochzeitsfeiern werden von in Deutschland lebenden Türken zum Teil in der Türkei, zum Teil in Deutschland gefeiert. Oftmals werden große Säle oder Hallen angemietet und Hunderte von Personen zu den Feierlichkeiten eingeladen. Je mehr Gäste, desto angesehener ist die Familie in der Gesellschaft. Das Hochzeitsfest erstreckt sich mindestens über zwei Tage, wobei je nach finanziellem Vermögen ein großes Essen oder ein kleiner Imbiß gereicht wird.

Das türkische Eherecht ist weitestgehend dem schweizerischen Zivilrecht angepaßt. In der Türkei ist die Polygamie gesetzlich

*Abb. 3:* Mit einer Demonstrations-Hochzeit protestierten Türken am 15. Juni 1991 dagegen, daß ihnen der Magistrat von Ober-Ramstadt die Nutzung der Bürgerhäuser für die traditionell großen Hochzeitsgesellschaften verboten hatte.

verboten und die Trauung durch den Standesbeamten Pflicht. In Deutschland finden Trauungen zwischen zwei türkischen Staatsangehörigen in der Regel auf dem zuständigen Konsulat statt. Auf eigenen Wunsch können sich Paare anschließend von einem Imam trauen lassen. Bei vielen in der Bundesrepublik lebenden Türken besteht noch der Wunsch, zur Stärkung der Solidargemeinschaft und um die Bindung an das Herkunftsland auch für die zweite Generation zu sichern, junge Männer und Frauen aus dem Bekanntenkreis aus der Türkei, möglichst aus demselben Dorf, zu vermählen.

## *Bestattungen*

Bei den Türken in der Migration herrschte bisher noch allgemein der Wunsch vor, in der Heimat zu sterben – oder zumindest dort bestattet zu werden. So werden die meisten Toten nach wie vor zu recht hohen Kosten von Deutschland in die Türkei überführt und dort bestattet. Neben dem Wunsch, in der Heimat beerdigt zu werden, existieren Ängste, daß man in Deutschland nicht nach islamischen Regeln beigesetzt werden könnte. Die Bestattung nach islamischer Vorschrift besteht vor allem aus der rituellen Waschung des Toten und der Verwendung eines Leinentuches anstelle eines Sarges. Zudem ist das Grab des auf der rechten Seite liegenden Toten so anzulegen, daß er mit dem Gesicht nach Mekka blickt. Die Ausrichtung nach Mekka und die islamische Vorstellung, daß die Ruhestätte auf ewig angelegt sein muß, stellen bei der Bestattung von Muslimen in Deutschland die größten Probleme zwischen den zuständigen Behörden und den islamischen Gemeinden dar. In einigen Städten und Gemeinden (z. B. in Berlin, Köln oder Essen) sind jedoch mittlerweile entweder auf dem Gebiet der regulären Friedhöfe spezielle Bereiche für islamische Gräberfelder reserviert und entsprechende Einrichtungen zur rituellen Waschung der Toten eingerichtet oder aber neue islamische Friedhöfe angelegt worden.

Muslimische Friedhöfe sind nicht so aufwendig mit Blumen oder anderem Grabschmuck versehen wie christliche Friedhöfe. Das Grab ist nur so weit kenntlich zu machen, daß verhindert wird, daß Menschen das Grab nicht bemerken und etwa darauf treten. Gräber sollen nicht durch besonderen Schmuck etc. zu einer Art „Wallfahrtsort" werden, das widerspräche dem Gebot des Glaubens an den einen Gott.

### *Sunniten, Schiiten, Aleviten*

Es gibt zwei Hauptströmungen im Islam, die Sunniten und die Schiiten. Schiiten sind der Überzeugung, der Nachfolger Mohammeds müsse aus dessen Familie stammen, um auf diese Weise göttlich legitimiert zu sein. Sunniten dagegen vertreten die Ansicht, die Mehrheit der Muslime müsse einen Kalifen wählen, der nicht zwangsläufig über göttlich legitimierte Autorität verfügen muß. Der überwiegende Teil der Türken in Deutschland (und der Türkei) ist sunnitisch.

Etwas 300 000 Muslime in Deutschland rechnen sich zu den Aleviten. Sie können als eine anatolische Variante des Schiismus angesehen werden. In den alevitischen Glauben sind viele Elemente des Schamanismus (Naturreligion der Türken Zentralasiens vor Übernahme des Islams) und der islamischen Mystik eingeflossen. Aleviten glauben, daß Mohammed und Ali, der Schwiegersohn und Cousin des Propheten, Lichtwesen Gottes seien und aus dem gleichen Lichtpartikel Gottes geschaffen seien. Ali, daher der Name Aleviten, gilt als Siegel Gottes auf Erden. Im Unterschied zu sunnitischen oder schiitischen Muslimen hat die Frau bei den Aleviten einen dem Mann größtenteils gleichgestellten Rang: Fatima, die Tochter Mohammeds und Frau Alis, verkörpert die göttliche Vollendung in weiblicher Gestalt! Frauen nehmen an Gottesdiensten und Familienentscheidungen gleichermaßen teil; es gibt keine rigide Geschlechtertrennung. Aleviten unterscheiden sich von den sunnitischen Muslimen auch dadurch, daß sie keine Moscheen für ihre gemeinschaftlichen Gebete benutzen, sondern sogenannte *Cem*-Häuser, eine Art Gemeindehaus.

*Religion als integrationshemmender Faktor?*

Man kann davon ausgehen, daß etwa jeder dritte Türke in der Bundesrepublik auch ein praktizierender Moslem ist. Zu den gläubigen Moslems können vor allem die Angehörigen der ersten Generation gerechnet werden. Ähnlich wie hier in der Bundesrepublik Deutschland hat sich auch in der Türkei innerhalb des Islam eine Entwicklung vollzogen. Die Vorstellung vom Alltag im Islam, von der türkischen Identität als etwas Festem, Unverrückbarem, das unverändert fortbestehe und daher eine Integration von Türken in Deutschland oder in Europa „objektiv" unmöglich mache, ist sicher falsch. Wie die anderen Buchreligionen hat auch der Islam eine Reihe von Verhaltensregeln, oft vermischt mit örtlichen Traditionen, die in den verschiedenen Verbreitungsregionen des Islam von den Muslimen unterschiedlich befolgt werden. Die Vorstellung der Deutschen vom Islam, vom Leben der Muslime, ist sicherlich durch die Begegnung mit den türkischen Gastarbeitern der ersten Stunde geprägt worden. Nicht unwesentlich dürften sich dann die Konflikte zwischen der christlichen Mehrheit und der islamischen Minderheit in den vergangenen Jahren ausgewirkt haben. Darüber hinaus haben internationale Entwicklungen wie die islamische Revolution im Iran und die Machtergreifung Khomenis in der zweiten Hälfte der siebziger Jahre sowie der Golfkrieg und die Aggressionen des Irak gegen Kuwait ein gewisses Bild vom Islam in den Köpfen vieler Deutscher hinterlassen. Diese Entwicklungen ließen in der Bundesrepublik neues Unbehagen und Ängste gegenüber dem Islam entstehen. Aber sind diese Sorgen berechtigt? Um diese Frage zu beantworten, ist es erforderlich, einen Blick auf die Rolle des Islams in der Türkei bzw. innerhalb der islamischen Welt zu werfen.

## Die Bedeutung des Islam in der Türkei

Die islamische Weltkonferenz zählt 43 islamische Staaten als Vollmitglieder, die aber keine einheitliche, homogene Gruppe bilden. Neben radikal fundamentalistisch orientierten islamischen Ländern befinden sich auf der anderen Seite des Spektrums islamische Staaten, die sich sehr stark an Westeuropa orientieren bzw. den Laizismus, eine strikte Trennung zwischen Staat und Kirche, zum Staatsprinzip erhoben haben. Insbesondere die Türkei ist zu diesen laizistischen Staaten zu rechnen.

Was ist aber genau unter dem laizistischen türkischen Modell zu verstehen? Aufgrund ihrer jüngeren Geschichte ist die Türkei wohl als Sonderfall innerhalb der islamischen Welt zu bezeichnen, da sie sich seit ihrer Gründung im Jahre 1923 stark am Westen orientiert und seitdem auch die strikte Trennung von Staat und Kirche zum Prinzip erhoben hat. Die nach dem Staatsgründer Mustafa Kemal Atatürk benannten kemalistischen Reformen verfolgten das Ziel, die Türkei zu einem neutralen, modernen Nationalstaat europäischer Prägung zu formen. Innerhalb dieses Systems ist die Religionsausübung als Privatsache verfassungsmäßig geschützt, gleichzeitig ist die Verfassung auf einen Ausgleich zwischen weltlichem Staatsziel und religiösen Interessen des einzelnen bedacht. Von entscheidender Bedeutung ist dabei die Unterordnung der Religion unter den Staat sowie die staatliche Kontrolle der Religionsausübung. So ist die Türkei zwar heute als ein islamisches Land zu bezeichnen, aber keinesfalls als islamischer Staat.

Der islamische Fundamentalismus und die Bedeutung des Islam waren seit der Staatsgründung im Jahre 1923 stark zurückgegangen. Denn bereits in den ersten Jahren der jungen Republik führten zum Teil spektakuläre Reformen zu einem starken Einflußverlust religiöser Orientierung. Schlagwortartig sei hier nur auf einige wenige Reformen, die Atatürk durchführte, verwiesen: die Abschaffung der Vielehe, die Abschaffung religiöser Gerichte, die Absetzung geistlicher, religiöser Herrscher, die Einführung der lateinischen statt der bis dahin überall dominierenden arabischen Schrift, die Einführung des Frauenwahlrechts sowie insbesondere die Schließung der religiösen Schulen und Hochschulen in der Türkei.

Bis in die frühen siebziger Jahre war folglich der Einfluß des Islam in der Türkei relativ gering, die Reformen hatten sich bewährt, und die Türkei hatte sich zu einem stark westlich geprägten Staat entwickelt. Im Anschluß aber an den zweiten Militärputsch am 12. März 1971 und die Gründung der islamisch orientierten „Partei des Nationalen Heils" hatte der islamische Fundamentalismus in der Türkei eine erste Blütephase während der siebziger Jahre. Diese Partei strebte eine Rückkehr zum islamischen Staat an. So lehnte der Parteivorsitzende, Erbakan, eine vertragliche Bindung der Türkei an die westliche Welt ab. Statt dessen wollte er einen gemeinsamen Wirtschaftsmarkt mit den arabischen Ländern aufbauen und auf diese Weise die Industrialisierung in der Türkei vorantreiben. Diese „Partei des Nationalen Heils" war während der siebziger Jahre an mehreren Koalitionsregierungen beteiligt und konnte so ihre Ziele zum Teil verwirklichen.

Eine zweite Blütephase erlebte der Islam in der Türkei nach dem dritten Militärputsch vom 12. Dezember 1980. Obwohl das türkische Militär insgesamt in der Türkei als Hüter des Laizismus gilt, konnten sich gewisse islamische Kräfte in den Folgejahren etablieren. Bald darauf nahm die politische und wirtschaftliche Annäherung an die islamische Welt rasch zu. Eine wirtschaftlich positive Entwicklung bewirkte auch in politischer Hinsicht eine starke Annäherung an die islamische Welt. Die Türkei nahm in der Folgezeit regelmäßig an den Versammlungen der „Islamischen Weltkonferenz" teil und wurde Mitglied dieser Organisation. Insgesamt gesehen konnten die islamischen Kräfte an den Hochschulen und in einigen Ministerien Fuß fassen. Allerdings sind ihre Einflußmöglichkeiten und die sich daraus ergebende Gefahr für das Prinzip des Laizismus in der Türkei nicht von dem Ausmaß, wie dies beispielsweise im Iran der Fall war.

Sicherlich darf man aber die Zunahme an Sympathien in der Bevölkerung gegenüber islamisch orientierten politischen Strömungen nicht übersehen, die zum einen auf die oben beschriebene Entwicklung, aber auch auf die Frustration breiter Schichten der Bevölkerung angesichts der verfehlten Wirtschaftspolitik zurückzuführen ist. Die ausbleibende grundlegende Reform der Wirtschaft, das hohe Bevölkerungswachstum (derzeit liegt es bei 2,1 %), der Anstieg des Verbraucherpreisindexes 1993 auf 71,1 %, die steigende (inoffiziell geschätzte) Arbeitslosenquote von über 16 % (offizielle Angaben: 8,6 %) hat zu einer zunehmenden Verelendung vor allem der mittleren Bevölkerungsschicht beigetragen.

Diese Entwicklung spielt sicherlich eine nicht zu unterschätzende Rolle für den Erfolg der islamisch orientierten „Wohlfahrtspartei" *(Refah Partisi)* des politischen Veteranen Necmettin Erbakan bei den letzten Kommunalwahlen in der Türkei vom 27. März 1994. Während die regierende DYP („Partei des richtigen Weges") landesweit 21,4 % und der Koalitionspartner SHP („Sozialdemokratische Volkspartei") 13,5 % der Stimmen erhielt, konnte die Oppositionspartei ANAP 21 % und die RP („Wohlfahrtspartei") 19 % der Stimmen auf sich vereinen. Von besonderer Bedeutung war die Tatsache, daß die RP in Istanbul und Ankara jeweils den Posten des Oberbürgermeisters erringen konnte, wobei dies wohl auch auf die enorme und anhaltende Zuwanderung vom Land in die Großstädte zurückzuführen sein dürfte.

## Verlagerung der Aktivitäten nach Deutschland

Während sich die „Wohlfahrtspartei" zumindest gegenüber der türkischen Öffentlichkeit eher moderat gibt und sich von fundamentalistischen Provokateuren wie ihrem ehemaligen Abgeordneten im Parlament, Hasan Mezarcı, distanziert, finden einige islamistische Gruppierungen in der Diaspora in Deutschland ein Feld für ihre Aktivitäten. Nach den Auseinandersetzungen zwischen rechten und linken extremen türkischen Gruppierungen Ende der siebziger, Anfang der achtziger Jahre gerieten die Aktivitäten einiger extrem konservativ religiöser Organisationen erst im Zuge der Proteste gegen Mölln und Solingen wieder in die Schlagzeilen. Obwohl diese Gruppierungen selbstverständlich nur eine Randgruppe innerhalb der muslimischen Gemeinde in der Bundesrepublik Deutschland bilden, wurden sie zum Synonym für radikalisierte Türken gemacht.

Insgesamt müssen die Aktivitäten der extremen türkischen Gruppen in den siebziger/achtziger Jahren vor dem Hintergrund einer zum damaligen Zeitpunkt noch stark vorhandenen Rückkehrorientierung gesehen werden. Die türkische Bevölkerung interessierte sich in der Mehrzahl viel mehr für die Entwicklung in der Türkei als für politische Vorgänge in der Bundesrepublik Deutschland. Bis in die achtziger Jahre hinein waren islamische Vereine und Gemeindewesen noch in erster Linie Anhaltspunkte für Angehörige der ersten Einwanderergeneration, bei denen die religiösen Orientierungen eine bedeutsame Rolle spielten. Dadurch schufen sie sich einen Freiraum innerhalb der deutschen Gesellschaft, in dem es möglich war, unabhängig von den Regeln und Verboten der deutschen Gesellschaft seine religiösen Bedürfnisse zu befriedigen.

Heute gehören zwei Drittel der türkischen Minderheit der

zweiten Generation an oder sind nicht-erwerbstätige Familienangehörige. Dies führte dazu, daß bereits im Kindergarten in der christlich geprägten Gesellschaft der Bundesrepublik Deutschland eine islamische Minderheit auftritt, die nach eigenen Regeln in einem christlichen Land neue Infrastrukturen schaffen will. Probleme gibt es immer wieder bei konfessionell gebundenen Kindergärten und in den Grundschulen, so daß sich in den Ballungsgebieten Erzieher, Sozialarbeiter und Lehrer mit den kulturellen Eigenarten ihrer Schützlinge und folglich auch mit dem Islam beschäftigen müssen.

## *Entwicklung des Islam in Deutschland*

Wie können die Entwicklungen innerhalb der islamischen Gemeinde in der Bundesrepublik bewertet werden? Wie ist es zu deuten, daß auf der einen Seite die Rückkehrorientierung stark nachläßt, die Integration fortschreitet, aber die Mitglieder- und Sympathisantenzahl islamischer Organisationen in der Bundesrepublik stetig steigen? Gleichzeitig läßt sich eine vermehrte Gründung von lokalen islamischen Vereinigungen beobachten.

Die psychologische Situation der permanenten Existenz als kulturelle und religiöse Minderheit, das Leben in der Diaspora, verstärkt die Hinwendung der Türken zum Islam in der Bundesrepublik Deutschland. Hinzu kommt das Gefühl, von der deutschen Gesellschaft aufgrund kultureller Andersartigkeit abgelehnt zu werden. So können selbst Menschen, die in der Türkei weniger religiös waren, in Deutschland eine stärkere Verbundenheit zu ihrer Religion entwickeln. Mit den zunehmenden Verbleibabsichten der Mehrzahl der türkisch-muslimischen Minderheit hat sich bei vielen, vor allem der älteren Generation, auch der Wunsch verstärkt, die Religion als Teil der eigenen Identität stärker zu leben. Deutet dies darauf hin, daß Religion kein Hemmnis, sondern Bestandteil der Integration ist?

# 6. Türkisch-islamische Organisationen in Deutschland

In den ersten Jahren der Arbeitsmigration gab es in der Bundesrepublik kaum Moscheen. Die ersten Versuche der türkischen Muslime, ihren Glauben auch in der Fremde zu praktizieren, bestanden darin, in den Wohnheimen bzw. in den Fabrikhallen um Gebetsräume für die täglichen Gebete zu ersuchen. Als Imame betätigten sich in der ersten Zeit Arbeiter, die für diese Funktion nicht speziell ausgebildet waren. Erst mit der Verlagerung der Lebenswelt aus den Heimen in Wohnhäuser, auch bedingt durch den nach 1974 einsetzenden Familiennachzug, begann die Suche nach geeigneten Moscheebauten. Bald boten sich ehemalige Fabrikgebäude an. Inzwischen sind zahlreiche Hocas und Imame, die in der Türkei als Geistliche ausgebildet wurden, zur Betreuung der Moscheen und der Gläubigen nach Deutschland gekommen.

Inzwischen gibt es in der Bundesrepublik schätzungsweise 1200 Moscheengemeinden, von denen über 1100 türkisch-muslimischen Vereinen angegliedert sind. Inzwischen haben sich die meisten der türkisch-muslimischen Kultur- bzw. Moscheevereine einem der Dachverbände mit Zentrum in Köln angeschlossen. Unabhängige islamische Vereine gibt es kaum mehr, da das Bemühen um einen Imam, der die Moscheegemeinde betreut, sowie um Finanzmittel fast automatisch zu einer Anbindung an einen der Dachverbände führt, die sich ihrerseits auch sehr stark um eine baldige Einbindung neu entstandener Gemeinden in ihre Strukturen bemühen. Die Zahl der Mitglieder ist jedoch schwer genau einzuschätzen, da aus einer Familie in der Regel ein Familienmitglied, meist das Familienoberhaupt, als Vereinsmitglied eingetragen ist, andere Angehörige jedoch ebenfalls die religiösen und sozialen Dienste der Vereinigung nutzen.

*Türkisch-Islamische Union der Anstalt für Religion e. V./
Diyanet İşleri Türk Islam Birliği (DITIB)*

Die DITIB wurde 1982 zuerst in Berlin als regionaler Dachverband mit 15 registrierten Moscheen gegründet. Damit reagierte der türkische Staat auf die Situation, daß sich in der Bundesrepublik zahlreiche religiöse Vereine, z. T. mit Unterstützung radikaler Gruppen aus der Türkei, um die religiösen Belange der Türken kümmerten und dabei auch antilaizistische und antikemalistische Haltungen vertraten.

Die Union gilt nach eigener Aussage als „derzeit stärkste islamische Gruppierung". Sie arbeitet eng mit dem staatlichen Präsidium für religiöse Angelegenheiten in der Türkei zusammen. Hiesige Botschaften und Konsulate übernehmen die Koordination vor Ort. Am Beispiel Nordrhein-Westfalen soll im folgenden diese Koordinationsstruktur verdeutlicht werden:

Im Gebiet der dortigen türkischen Generalkonsulate gibt es 72 Vereine, die seit 1984 dem Präsidium unterstellt sind. 51 davon haben einen Hoca. Außerdem gibt es kooperierende Elternpflegschaften und Sportvereine, so daß insgesamt 85 bis 90 Vereine vom Konsulat koordiniert werden. Für jeden Konsulatsbezirk gibt es einen Koordinator und einen Stellvertreter. Die insgesamt 14 Koordinatoren auf Bundesebene treffen sich ein- bis zweimal im Jahr. Darüber hinaus fahren sie auf Einladung des türkischen Außenministeriums einmal im Jahr in die Türkei, wo sie von ihrer Arbeit in der Bundesrepublik berichten. Es gibt auch einen Koordinator für das ganze Bundesgebiet, er hat insgesamt 740 Vereine zu koordinieren. Die Mitgliederzahl beläuft sich nach eigenen Angaben europaweit auf insgesamt ca. 110 000.

Die Union vertritt die offizielle laizistische Grundhaltung zum Verhältnis von Staat und Islam und agiert in diesem Rahmen in der Bundesrepublik, d. h. ihre religiöse Haltung entspricht weitgehend derjenigen der offiziellen türkischen Staatspolitik. Sie sieht sich als offizieller Ansprechpartner bezüglich der türkischen Muslime in Deutschland und setzt sich für Integration und Freizügigkeit innerhalb der EU ein. Die DITIB sucht den Dialog mit christlichen Stellen. Allerdings beruhen Kommunikationsprobleme mit Vertretern der DITIB darauf, daß diese oftmals nur wenig Deutsch beherrschen.

Die DITIB bietet einen Bestattungsdienst an und organisiert Pilgerfahrten nach Mekka. Außerdem werden Korankurse angeboten, die nicht als reine Koranrezitationskurse, sondern vielmehr als Religionsunterricht konzipiert sind.

Die Arbeit der Organisation finanziert sich weitgehend durch Spenden, von denen Moscheen gebaut werden, als deren Inhaber dann das „Präsidium für religiöse Angelegenheiten" der türkischen Republik eingesetzt wird. Die Imame werden als Staatsbeamte vom türkischen Staat entsandt und bezahlt. Daraus ergibt sich die Problematik, daß sie sich turnusmäßig, d.h. höchstens fünf Jahre, in der Bundesrepublik aufhalten und danach wieder abgelöst werden. Die Beamten sind somit am Anfang ihres Dienstes in den seltensten Fällen mit dem Leben in Deutschland und den spezifischen Problemen der muslimischen Minderheit hier vertraut. Bis sie sich auch mit den staatlichen und gesellschaftlichen Strukturen hier vollständig vertraut gemacht haben, ist ihre Dienstzeit oft schon vorbei.

*Vereinigung der Neuen Weltsicht in Europa e. V./*
*Avrupa Milli Görüş Teşkilatları (AMGT)*

Die AMGT gilt nach Aussagen des Islam-Archivs in Soest als die größte staatsunabhängige islamische Gemeinschaft in der Bundesrepublik Deutschland und in Westeuropa. In der Vereinigung sind europaweit ca. 26 000 Mitglieder organisiert. Nach eigenen Angaben hat die AMGT in Europa 437 Einrichtungen, davon allein in Deutschland ca. 300 mit ca. 20 000 Mitgliedern.

Die AMGT entstand aus einem 1976 unter dem Namen „Türkische Union Europas" *(Avrupa Türk Birliği)* gegründeten Verein. Unter dem heutigen Namen existiert sie seit 1985. Der Name „Neue Weltsicht" geht auf ein Buch von Necmettin Erbakan (Führer der islamischen *Refah Partisi* = Wohlfahrtspartei) zurück, das „Nationaler Standpunkt" heißt, womit eine „politische Perspektive im Hinblick auf die Errichtung einer islamischen Republik Türkei" gemeint ist. Die AMGT unterhält enge Beziehungen zur *Refah Partisi* von Erbakan. Offiziell wird eine Sympathie nicht bestritten, wohl aber eine organisatorische Verflechtung. Der Imam, der im Regelfall ein in der Türkei ausgebildeter Geistlicher ist, wird u. a. von den Spenden der Mitglieder bezahlt, die im allgemeinen sehr großzügig sind. Darüber hinaus betreiben die Moscheevereine der AMGT zur Deckung ihrer laufenden Kosten Gemischtwarenläden, Buchläden usw. Man vermutet, daß die AMGT auch aus radikal-islamischen Staaten finanzielle Unterstützung erhält.

Zwischen dem ICCB (s. u.) und der AMGT sind die Beziehungen eher feindselig, da sich der heutige Führer der ICCB, Cemalettin Kaplan, von der AMGT abgespalten und einen Teil der Anhänger in der ICCB organisiert hat. Außerdem verfolgt AMGT eine andere Politik gegenüber der deutschen Öffentlichkeit, die eher dialogorientiert und gemäßigt ist, während Kaplan nach wie vor im Verfassungsschutzbericht als Vertreter nicht-verfassungsgemäßer Ansichten eingestuft wird.

Gute Beziehungen unterhält die AMGT zur *Nurculuk*-Bewegung (s. u.), mit der sie zusammen im „Islamrat für die Bundesrepublik Deutschland" organisiert ist. Dort stellt sie mit Ali Yüksel, dem Generalsekretär der AMGT, den 1991 vom Rat gewählten sogenannten Scheich ül-Islam, der Ansprechpartner für offizielle deutsche bzw. christliche Stellen sein und die Muslime auch gegenüber diesen Stellen vertreten soll. Allerdings kann dieser Scheich ül-Islam nicht den Anspruch erheben, alle Muslime in Deutschland zu vertreten, da er nur von einem Teil von ihnen in diese Position erhoben wurde.

Die Tageszeitung „Milli Gazete" ist zwar nicht als verbandseigene Zeitung ausgewiesen, zeigt aber in ihrer Berichterstattung deutliche Verbindungen zur AMGT, darüber hinaus wird sie von Erbakans *Refah Partisi* getragen, was wiederum für eine enge Beziehung der AMGT zur RP spricht. Außerdem ist der Geschäftsführer der Zeitung, Osman Yumakoğulları, gleichzeitig Vorsitzender der AMGT. Die Auflagenhöhe der Zeitung in Deutschland beträgt 4500 Stück, und sie wird lediglich im Abonnementverfahren vertrieben.

Seit Mitte der achtziger Jahre ist die AMGT bemüht, mit allen Organisationen der türkischen Bevölkerung je nach ideologischer Nähe offiziellen bis freundschaftlichen Kontakt zu halten. Dabei betont sie den Islam als Identifikationsfaktor für türkische Migranten und tritt – nach den Worten Ali Yüksels – für ein friedliches Nebeneinander verschiedener Religionen und Ethnien in Deutschland ein, statt einer Verschmelzung der Kulturen. Integration im Sinne von Anpassung wird eher als Gefährdung der türkisch-muslimischen kulturellen Orientierung gesehen. Bei ihren Kontakten zu Muslimen anderer Nationalitäten betont die AMGT, daß der gemeinsame Glaube im Vordergrund stehe, nicht die Nationalität. Kontakt mit christlichen Institutionen sowie Öffentlichkeitsarbeit im Sinne einer Vorstellung des muslimischen Glaubens für interessierte Christen und Andersgläubige bildet einen wichtigen Teil der neuen Institutionspolitik.

Die AMGT bietet außer Koran- und Sportkursen für Kinder und Jugendliche auch Seminare zu aktuellen Themen an, Versorgung mit Islam-gerechten Lebensmitteln (Selam-Handels-GmbH), Pilgerfahrten nach Mekka, Organisation von Büchermessen, Vorbereitungskurse für den Besuch von Priester- und Vorbetergymnasien *(Imam-Hatip-Okulları)* in der Türkei, an denen man inzwischen auch in allgemeinbildenden Fächern die Hochschulreife erwerben kann. Die AMGT betreibt darüber hinaus eine Internats-Koranschule für Mädchen in Bergkamen und eine islamische Akademie in Köln.

*Verband der islamischen Kulturzentren e. V. (VIKZ)/*
*İslam Kültür Merkezleri Birliği*

In der Selbstdarstellung des Verbandes heißt es, daß sich 1967 die „Türkische Union" gegründet habe, die nach 1973 ihre Aktivitäten als „Islamisches Kulturzentrum" fortführte, deren Gemeinden sich 1980 zum „Verband der islamischen Kulturzentren" zusammenschlossen. Der VIKZ war innerhalb der verschiedenen Moscheevereine, die es bereits seit den sechziger Jahren gab, der erste, der sich für die Schaffung einer gemeinsamen Bewegung auf Bundesebene einsetzte. Er stellte schon 1979 den Antrag auf Anerkennung des Islams als Körperschaft des öffentlichen Rechts. Heute hat er laut eigenen Angaben 250 Einrichtungen in Deutschland; die Mitgliederzahl wird auf 10 000 bis 12 000 geschätzt.

Die Mitglieder der VIKZ werden auch von Türken in Deutschland oftmals als „Süleymancıs" (Anhänger der *Süleymancı*-Bewegung) bezeichnet. Sie wehren sich dagegen, da sie auf die sunnitisch-hanefitische Erneuerungsbewegung gleichen Namens in der Türkei zurückgeht, mit der zwar Verbindungen bestünden, diese seien jedoch nicht organisatorischer Natur. Beide Bewegungen gehören mit ihrer Auffassung des Islams nicht zur orthodoxen Richtung, wie sie z.B. von der offiziellen sunnitischen Seite vertreten wird, sondern verbinden mystische Initiationsriten und schiitische Elemente (Glauben an den Mahdi, den seit dem 9. Jahrhundert in der Verborgenheit weilenden zwölften Imam; Mitglieder des inneren Kreises des Ordens sind eine Art Mittler zwischen Gott und den Menschen aus dem äußeren Kreis des Ordens) mit traditionellen sunnitischen Elementen. Die Süleymancıs sind ein mystisch orientierter Orden, der auf den Prediger Süleyman Hilmi Tunahan (1888–1959) zurückgeht, der von seinen Anhängern als Abkömmling aus der Familie des Propheten Mohammed angesehen wird. Aufgrund des generellen Ordensverbotes in der Türkei aus dem Jahre 1924 sind die Süleymancıs als Orden verboten. Allerdings erteilen ihre Anhänger nach wie vor private Korankurse, und seit der Öffnung der türkischen Politik gegenüber dem Islam, insbesondere unter der Regierung des verstorbenen Ministerpräsidenten Özal, bekennen sich auch angesehene Politiker zu dieser Gruppierung.

In die Auseinandersetzungen des VIKZ mit anderen islamischen und nichtnationalistischen Gruppen ist seit Mitte der achtziger Jahre Ruhe eingekehrt. Während sich ihre türkischen Veröffentlichungen früher eher gegenüber deutschen Stellen abgrenzten, signalisieren sie nun Dialogwünsche. Dies äußern auch die an vielen Dialogaktionen mit christlichen Stellen beteiligten Mitglieder des Vereins. Sie betonen, offenbar als Reaktion auf entsprechende Annahmen, daß sie keinen religiösen Fanatismus und keine aufdringliche bigotte Geisteshaltung besäßen. Der VIKZ als Orden mit schiitischen Glaubenselementen hat keine engeren Verbindungen zur AMGT und zur DITIB, wird aber von diesen toleriert. In einigen Fällen dürfen sie die Moscheen der anderen Vereinigungen mitbenutzen, z. B. im Ramazan, wenn die Kapazitäten der verbandseigenen Moscheen nicht ausreichen. Besonders seit Mitte der achtziger Jahre treten die verschiedenen Organisationen, wenn es um die Wahrung von Interessen des türkischen Islam in Deutschland geht, gemeinsam und kooperierend in Erscheinung.

Neben dem Bemühen um eine Bestandswahrung der vorhandenen Gemeinden gilt das Interesse vor allem den Jugendlichen, wie bei allen anderen islamischen Vereinigungen in Deutschland auch. Im Vordergrund steht hierbei das Bemühen um die Wahrung einer islamischen Identität der Jugendlichen, da diese besonders in Deutschland gefährdet seien, in die Kriminalität und in die Rolle einer sozialen Randgruppe abgedrängt zu werden. Im Zentrum der Aktivitäten steht längst nicht mehr nur das Korankursangebot, mit welchem die Bewegung bekannt wurde, sondern sämtliche seelsorgerischen und sozialen Hilfeleistungen sowie kulturelle Angebote wie bei den anderen Moscheevereinen.

Hocas und Moscheen werden hauptsächlich von den Spenden der Mitglieder unterhalten. Der VIKZ betreibt darüber hinaus ebenso wie die anderen Moscheevereinigungen eigene Läden und Kurse, aus deren Einnahmen die Unkosten bezahlt werden.

*Föderation der Islamischen Gemeinden und Gemeinschaften/ Islam Cemaatleri ve Cemiyetleri Birliği (ICCB)*

Die Föderation ist eine Abspaltung der AMGT. Sie wurde 1984 von Cemalettin Kaplan, einem ehemaligen Beamten (ehemaliger Mufti von Adana) des *Diyanet İşleri Başkanlığı* („Präsidium für Religiöse Angelegenheiten" der Republik Türkei, auch kurz als *Diyanet* bezeichnet) gegründet. Dieser war 1982 von Erbakan, dem Vorsitzenden der damals verbotenen *Milli Selamet Partisi* („Nationale Heilspartei", eine islamistische Partei) gebeten worden, nach Deutschland zu gehen. Er nahm sofort eine Tätigkeit als Geistlicher innerhalb der „Türkischen Union Europa" (Vorläufer der heutigen AMGT) auf, wo er bei der Erstellung von religiösen Gutachten *(Fetwa)* zur Regelung von Alltagsproblemen der Muslime tätig war. Wegen dieser Tätigkeit und seines autoritären Führungsstils kam es dann innerhalb der Union zu Streitigkeiten. Cemalettin Kaplan vertrat innerhalb der Union eine streng fundamentalistische und kompromißlose Islamauffassung. Nach seinem Ausscheiden aus der Union gründete er schließlich eine eigene Organisation, die laut seinem oft geäußerten Grundsatz, daß Parteien unislamisch seien, die RP nicht unterstützt.

Die ICCB ist in Deutschland und in der Türkei aktiv und wird von Cemalettin Kaplan stark hierarchisch und zentralistisch geführt. Seine Aussage: „Es ist Sünde, Mitglied der Parlamente des Zeitalters zu sein, in dem wir uns befinden", macht seine anti-demokratische Grundhaltung deutlich. Dieser Satz steht übrigens auch auf Flugblättern in Deutsch und Türkisch, die seine Anhänger in Deutschland öffentlich verteilen. Die ICCB versucht, in eigenen Ausbildungslagern, von denen sich auch einige in der Bundesrepublik befinden, eine islamische Armee nach iranischem Vorbild auszubilden.

Die Politik der ICCB ist nach wie vor auf die Türkei ausgerichtet. Kaplan, der sich selbst nicht in der Türkei aufhält, hat sich 1989 auf einem Kongreß seiner Föderation in Deutschland zum „Staatsoberhaupt und Kalifsregent" einer „Islamischen Republik Türkei" ausrufen lassen. Koran und Sunna gelten als einzige legitime Grundlagen seines (fiktiven) Staates; Istanbul, von ihm umbenannt in „Islambol", erhob er zu dessen Hauptstadt. Im September 1993 nahm dieser Traum von einem eigenen islamischen Staat ein Ende, als sein Statthalter in Istanbul, İsmet Kılıçaslan, und das aus zwölf Personen bestehende „Islamische Parlament" von türkischen Sicherheitskräften ausfindig gemacht und festgenommen wurden. Kaplan wird in der Türkei wegen seiner antilaizistischen und antidemokratischen Umtriebe von der Polizei gesucht.

Als „Staatsoberhaupt und Kalifsregent" unterzeichnet Kaplan

auch Flugblätter in deutscher Sprache, die hier von seinen Anhängern verteilt werden. Seine Internate in Köln, an denen antidemokratische und fundamentalistische Lehrinhalte vermittelt werden (u. a. auch die Gründung eines „Islamischen Staates in Deutschland"), wurden immer wieder von deutschen Gerichten geschlossen, obwohl er vorgab, nur Vorbeter für die ICCB auszubilden, die dann in den eigenen Moscheen eingesetzt werden sollten. Sein Vorbild ist die Islamische Republik Iran, weshalb er sich einen Namen als „Khomeini von Köln" gemacht hat. In der Türkei wird er von laizistischen Medien (z.B. der Zeitung „Cumhuriyet") als „Schwarze Stimme" bezeichnet. Seine Erklärungen und Aktivitäten in Deutschland werden in der Türkei von der Öffentlichkeit aufmerksam beobachtet, da sich seine Kritik fast ausschließlich gegen den laizistischen türkischen Staat richtet.

Die ICCB verfügt z.Zt. über etwa 50 Moscheen in Deutschland; die Mitgliederzahl wird auf 3000 geschätzt. Die Beteiligungszahl von 8000 (inkl. Teilnehmer aus angrenzenden Ländern) bei der Jahreshauptversammlung 1989 machte deutlich, daß eine relativ konstante, wenn auch nicht sehr große Gruppe, zur Anhängerschaft gerechnet werden kann.

Als Verdienstquellen dienen die verbandseigene Zeitung „ümmet-i Muhammed", Bücher, Predigten von Kaplan auf Kassette oder Video sowie Gewinne aus der verbandseigenen Import-Export-Firma „Kar-Bir Lebensmittel und Textil GmbH", deren Anteilscheine zum Stückpreis von 1000 DM an Verbandsmitglieder verkauft werden. Außerdem erhält die ICCB aufgrund ihrer ideologischen Nähe zum Iran angeblich von dort Unterstützung.

Auch die ICCB spricht sich ausdrücklich für die Anerkennung des Islams als Körperschaft des öffentlichen Rechts aus und beansprucht die Vertretung der Interessen der in der Bundesrepublik lebenden Muslime (wie übrigens alle anderen Dachverbände auch). Die „Kaplancıs" sind zu keinerlei Kooperationen mit deutschen Stellen bereit, die über das unbedingt Notwendige hinausgehen. Keiner der anderen türkisch-islamischen Vereine will mit ihnen in Verbindung gebracht werden. Als Kooperationspartner für Dialogaktionen sind sie schon deshalb und natürlich wegen ihrer radikal-fundamentalistischen Ideologie nicht geeignet.

## Nurculuk-Bewegung/Nurcular

Die *Islamische Gemeinschaft Jama'at un-Nur e. V.* ist eine intellektuell geprägte sektenähnliche Bewegung. Sie existiert in Deutschland seit 1967. Grundlage ihres theologischen Verständnisses sind Koran, Sunna und *Risale-i Nur* (Schrift des Lichts). Dies ist das zentrale Werk des Begründers der Sekte, Bediuzzaman (= Licht unserer Zeit) Said Nursi (1877–1960). Mit seiner Schrift wollte er eine Neuinterpretation des Islams ermöglichen, die den zeitgenössischen Problemen und Erfordernissen angepaßt sein sollte. Vor allem sein Mystizismus weckte von Anfang an das Mißtrauen des offiziellen, sunnitisch-orthodoxen Islams. Die Nurculuk-Bewegung versteht sich als religiöse Reformbewegung, die moderne Technologie und Islam miteinander verbinden will.

Die ca. fünf- bis sechstausend „Schüler des Lichtes", wie sich die Anhänger nennen, sind verpflichtet, ihrem Lehrer über ihre Erfahrungen im Alltag zu berichten und für die Verbreitung der Lehre Said Nursis zu sorgen. Ihre Anhänger in der Türkei waren zunächst vor allem in der DP („Demokratische Partei"), dann in der Nachfolgepartei AP („Gerechtigkeitspartei") und der *Milli Nizam Partisi* („Partei der nationalen Ordnung") zu finden. Als religiöse Bewegung sind sie in der Türkei aufgrund ihres Ordenscharakters ähnlich wie die „Süleymancıs" offiziell verboten, trotzdem gibt es Persönlichkeiten des öffentlichen Lebens, die sich zu dieser Bewegung bekennen.

Neben den üblichen Angeboten ihrer Niederlassungen wie Korankurse, Fortbildungskurse und geistliche Betreuung betreibt die Nurculuk-Bewegung in Deutschland etwa 30 Medresen, an denen die Lehre Said Nursis gelehrt wird (z. B. in Berlin ein „Islamisch-Theologisches Risale-i Nur Institut", Leiter ist Abdul-Muhsin Alkonavi). Sympathisanten dieser mystischen Bewegung sind bei allen anderen türkisch-islamischen Vereinen zu finden. Dies ist insofern kein Widerspruch, als die Nurculuk-Bewegung keine eigenen Moscheen hat.

In deutscher Sprache erscheint neben umfangreichem Schriftmaterial (Schriftenmission ist eine ihrer Hauptaktivitäten in

Deutschland) die Zeitschrift „Nur, Das Licht". Sie beschäftigt sich vorwiegend mit dem Werk Said Nursis, mit wissenschaftlichen Abhandlungen über ihn und sein Werk sowie mit Koranexegese. Sie betont die Gemeinsamkeiten mit den Christen, vor allem mit den christlichen Mystikern, und macht auf Aktionen von christlicher Seite, die Dialogbereitschaft symbolisieren sollen (z.B. die Grußbotschaften christlicher Kirchen zum Fest des Fastenbrechens), aufmerksam. In dieser traditionell dialogorientierten Politik unterscheidet sich die Nurculuk-Bewegung insofern von den anderen Dachverbänden, als sie in ihren deutschen Veröffentlichungen einen eher intellektuellen Kreis von Personen anspricht. So kooperiert sie z.B. eng mit der katholischen Pfadfinderschaft St. Georg.

Die Nurculuk-Bewegung hat sehr gute Kontakte zur AMGT, dem Islam-Archiv Soest und dem Islamrat für die Bundesrepublik Deutschland. Dort ist sie Mitglied und hat bei der Wahl des Scheich ül-Islam in Soest mitgewirkt.

*Föderation der Türkisch-Demokratischen Idealistenvereine in Europa e. V./Avrupa Demokratik Ülkücü Türk Dernekleri Federasyonu (ADÜTDF)*

Der Verein wurde am 18. Juni 1978 in Frankfurt/M. gegründet. Er wird abgekürzt auch *Türk Federasyonu* (Türkische Föderation) genannt. Er verfolgte zunächst eine nationalistisch-pantürkistische Ideologie mit einer starken Betonung der vorislamischen Geschichte und Kultur der Türken. Zu ihrem Symbol gehört der „Graue Wolf", ein Totemtier der Türken in ihrer zentralasiatischen Ursprungsregion (Altai-Gebirge) vor der Übernahme des Islams, um das sich eine mythologische Sage zur Herkunft der Türken rankt. Durch die Arbeit in der Diaspora und in Zusammenhang mit den politischen Ereignissen in der Türkei um den Militärputsch 1980 wandte sich der Verein einer verstärkten Betonung des islamischen Elementes zu. Dennoch besteht im Gegensatz zu den zuvor vorgestellten islamischen Vereinen eine nach wie vor stärkere Betonung des nationalistischen Elements, was der Organisation eher einen politischen als religiösen Charakter gibt.

Die Mitgliederzahl der ADÜTDF wurde 1980 bundesweit auf 26 000 Mitglieder geschätzt, organisiert in ca. 110 Vereinen; heute sollen es nach eigenen Angaben über 180 sein. Die ADÜTDF gibt an, lediglich auf politischer, nicht jedoch auf religiöser Ebene Differenzen mit anderen religiösen Vereinen zu haben, da sie eindeutig Stellung für Türkeş, den Vorsitzenden der MÇP *(Milliyetçi Çalişma Partisi)*, bezieht. Durch die Abspaltung des religiösen Flügels unter Musa Serdar Çelebi, dem etwa die Hälfte der Mitglieder in den neuen Verband ATIB folgte, hat die ADÜTDF einen starken Mitgliederschwund zu verzeichnen.

*Türkisch-Islamische Union in Europa/*
*Avrupa Türk İslam Birliği (ATIB)*

Die ATIB hat sich von der ADÜTDF abgespalten und legt ihr Schwergewicht eher auf eine Synthese zwischen türkischem Nationalismus und Islam, wobei dem Islam mehr Raum beigemessen wird als bei der ADÜTDF. Die ATIB hat sich inzwischen von den Gewalttaten der „Grauen Wölfe" in den siebziger Jahren in der Türkei und der Bundesrepublik distanziert. Ihre etwa 12 000 Mitglieder sind in ca. 50 Vereinen organisiert, die z. T. auch Gebetsstätten sind. Die Imame der von der ATIB betriebenen Moscheen sind teilweise Religionsbeamte der türkischen Anstalt für religiöse Angelegenheiten, deren Gehalt zum Teil vom türkischen Staat, zum Teil von der Organisation bezahlt wird.

*Vereinigung der Aleviten-Gemeinden e. V./*
*Alevi Birlikleri Federasyonu*

Der Dachverband wurde offiziell am 17. 1. 1991 aus alevitisch-bektaschitischen Vereinen gegründet, die es schon seit 1989 im Bundesgebiet gibt. Gründungsmitglieder waren neun Vereine, inzwischen sind insgesamt 32 (zwei davon in Österreich und einer in Frankreich) dem Dachverband angegliedert. Ein weiterer Verein in Österreich und zwei in Frankreich sind dabei, ihre Eintragung in das jeweilige Vereinsregister zu vollziehen und können dann dem Dachverband angegliedert werden.

Eines der wichtigsten Ziele des Vereins stellt die Vermittlung alevitischer Religionsinhalte an alevitische Jugendliche dar. Außerdem geht es dem Verein darum, Vorurteile bei Aleviten und Nicht-Aleviten auf der Basis wissenschaftlicher Untersuchungen und der Bekanntmachung alter und neuer Werke zum Alevitentum zu bekämpfen, um besonders die Identitätsfindung alevitischer Jugendlicher zu unterstützen und die zerstreuten alevitisch-bektaschitischen kulturellen Werte zusammenzubringen.

Die Föderation steht hinter den laizistischen, rechtsstaatlichen Grundlagen des türkischen Staates und den Menschenrechten. Sie nimmt Menschen aus allen Gruppen und Religionsgemeinschaften auf. Eines ihrer Hauptanliegen ist Religionsfreiheit und die Berücksichtigung des Alevitentums bei einem potentiellen Islam-Unterrichtskonzept für Schüler muslimischen Glaubens in der Bundesrepublik.

Entsprechend der alevitischen Tradition und Lehre betreiben sie keine Moscheen, ihre Vereinsräume dienen teilweise als Versammlungsorte für die *Cem*, die religiösen Zusammenkünfte.

Obwohl Bereitschaft zu Kontakten mit anderen islamischen Organisationen besteht, sind diese eher inoffiziell und selten. Nach wie vor gibt es Ressentiments der sunnitischen Organisationen gegenüber den Aleviten. Zu deutschen Stellen jedoch hat die Vereinigung traditionell sehr gute Kontakte.

# 7. Politische türkische Selbstorganisationen

*Föderation der Immigrantenvereine aus der Türkei e. V./
Göçmen Dernekleri Federasyonu (GDF)*

Als Selbstorganisationen, die im Interesse der türkischen Wohnbevölkerung eine integrationsorientierte Politik betreiben, sind verschiedene Organisationen von Bedeutung. Die GDF ist die älteste Organisation, hat ihren Hauptsitz in Düsseldorf und wurde 1987 als Nachfolgeorganisation der 1977 gegründeten FIDEF (Föderation der Arbeitervereine) gegründet. Gegenwärtig hat die GDF ca. 60 Ortsvereine und Arbeitsgruppen mit schätzungsweise 6000 Mitgliedern. Nach Auffassung verschiedener deutscher Institutionen vertrat sie bis zum Zusammenbruch des Ostblocks eine orthodox-marxistische Zielsetzung. Heute engagiert sich die GDF in erster Linie gegen Rechtsradikalismus, insbesondere auch bei eigenen Landsleuten, und widmet sich verstärkt einer europäischen Immigrantenpolitik.

*Föderation sozialdemokratischer Volksvereine
der Türkei in Europa e. V./Sosyal Demokrat Halk
Dernekleri Federasyonu (HDF)*

Die größte Selbstorganisation im linken Spektrum ist die HDF mit Hauptsitz in Duisburg. Diese an sozialdemokratischen Grundsätzen orientierte Organisation wurde 1977 in Berlin gegründet und zählt zur Zeit bundesweit ca. 36 Ortsvereine mit 7000 Mitgliedern. Seit Anfang 1986 pflegt die HDF enge Beziehungen zur sozialdemokratischen SHP in der Türkei. Die HDF arbeitet in der Bundesrepublik eng mit der SPD und der Arbeiterwohlfahrt zusammen und ist wohl die von deutschen

Institutionen am meisten anerkannte Organisation. Der Schwerpunkt ihrer Arbeit liegt in der Ausländerpolitik.

### Bündnis türkischer Einwanderer in Hamburg/ Türkiye Göçmenler Birliği (TGB)

Zusätzlich sind in einigen Städten Bündnisse entstanden, in denen unterschiedliche Organisationen der türkischsprechenden Minderheit wirken. Hierzu ist das TGB als aktivste Organisation zu nennen. Es wurde unmittelbar nach dem Tod des jungen Türken Ramazan Avcı gegründet, der Weihnachten 1985 von einer Gruppe neofaschistischer Skinheads erschlagen wurde. Der Verein besteht aus 20 Ortsvereinen, vier Institutionen, zwei Einzelmitgliedern sowie Vertretern der Betriebsräte und Vertrauensleuten. Das TGB versteht sich als ein breites Bündnis aller in Hamburg und Umgebung lebenden Türken ohne Ansehen der Weltanschauung oder der politischen Einstellung. Entscheidend sind der ausdrückliche Verzicht auf Gewalt und das Bekenntnis zur demokratischen Grundordnung. TGB sieht weiterhin seine Aufgabe darin, die Interessen der Einwanderer aus der Türkei in der Bundesrepublik zu vertreten. Es setzt sich für die Anerkennung der in Deutschland lebenden Türken als kulturelle Minderheit sowie für gleiche Rechte für die ausländische Wohnbevölkerung ein.

### Freiheitliche Türkisch-Deutsche Freundschaftsgesellschaft e.V./ Hürriyetçi Türk-Alman Dostluk Cemiyeti (HÜR-TÜRK)

Diese Organistion repräsentiert innerhalb der eher rechten Selbstorganisationen die wichtigste Gruppe, die mit Unterstützung der CDU und der Konrad-Adenauer-Stiftung gegründet wurde. Die konservative Organisation vertrat zunächst hauptsächlich die Interessen der nach 1980 verbotenen konservativen „Gerechtigkeitspartei" (AP). Sie steht derzeit der „Mutterlandspartei" (ANAP) nahe. Nach eigenen Angaben verfügt

*Hür-Türk* über 54 Ortsvereine. Einige bieten Gebetsstätten in ihren Vereinsräumen an bzw. unterhalten enge Kontakte zu den jeweiligen regionalen Moscheen. Mit dieser Organisation, in deren Vorstand CDU-Politiker und auch türkische Geschäftsleute zu finden sind, ist die rechte Mitte vertreten.

*Liberale Türkisch-Deutsche Vereinigung e. V./*
*Liberal Türk-Alman Birliği (L.T.D.)*

Diese jüngste türkische Organisation (seit November 1993) steht der liberalen Mitte nahe. Liberalismus bedeutet für sie nicht nur die Freiheit des Individuums, sondern auch Toleranz gegenüber dem Andersartigen. Grundvoraussetzungen sind dabei eine demokratische Staatsordnung und eine freie Marktwirtschaft. Erklärtes Ziel der neu gegründeten Organisation ist es, diese Ideen unter den Türken in Deutschland zu verbreiten. Ferner liegt ihr Bestreben darin, die ökonomische Integration der Türkei in die Europäische Union zu fördern. Ein weiterer Schwerpunkt ihrer Arbeit liegt darin, interessierten Deutschen mehr Informationen über die Türkei zu vermitteln.

*Türkische Gemeinden und Mittelstandsorganisationen*

In jüngster Zeit haben sich in verschiedenen Städten wie Berlin, Frankfurt, Essen, Bottrop türkische Gemeinden gegründet, die nach dem Modell der jüdischen Gemeinden eine bundesweite Organisationsstruktur aufbauen wollen.

Darüber hinaus bauen die sich zu einem neuen Mittelstand rechnenden Türken neue Strukturen in der Bundesrepublik auf. Vor allem die 37 000 türkischen selbständigen Unternehmer, aber auch Akademiker, Künstler usw. haben sich in verschiedenen lokalen und regionalen Vereinigungen organisiert, die die Interessen ihrer Mitglieder auf den entsprechenden Ebenen stärker artikulieren wollen.

## Deutsche Politik im Mittelpunkt

Während sich die meisten Türken in den sechziger und siebziger Jahren hauptsächlich für gesellschaftliche und politische Entwicklungen in der Türkei interessierten, ist heute das Geschehen in Deutschland zunehmend in den Mittelpunkt des Interesses gerückt. Dies zeigt sich unter anderem in der steigenden Zahl der türkischen Mitglieder in deutschen Parteien. Vor allem in der SPD und CDU läßt sich ein parteipolitisches Engagement in nennenswertem Umfang feststellen. Während die CDU mit der konservativen Föderation *Hür-Türk* zusammenarbeitet, kooperiert die SPD in einzelnen Bundesländern mit dem Dachverband der türkischen Sozialdemokraten in Deutschland (HDF). Im Jahr 1990 registrierte die CDU 3793 ausländische Mitglieder, das sind 0,6 Prozent der Mitglieder insgesamt. Die SPD zählte 62 000 ausländische Mitglieder in ihren Reihen, wobei der türkische Anteil mit über 27 000 Mitgliedern fast die Hälfte betrug.

Die Satzung von Bündnis '90/Grüne erfaßt die Mitglieder nicht nach Nationalität. Innerhalb dieser Partei hat sich der türkische Verein *Yeşiller* gebildet, der über drei Landesverbände in Hessen, Berlin und in Baden-Württemberg verfügt. Der Verein setzt sich derzeit aus 30 türkischen Mitgliedern zusammen. – Für die FDP liegen bislang keine Zahlen vor. Allerdings weist die Gründung der „Liberalen Türkisch-Deutschen Vereinigung" auf gewisse Sympathien liberaler Kreise für die FDP hin

Ansätze einer intensiveren innerparteilichen Integration kann man bei der SPD feststellen. So sind heute – wenn auch in geringer Zahl – in den Unterbezirken der SPD und sogar im Landesvorstand der Jusos in Nordrhein-Westfalen Türken als Vorstandsmitglieder vertreten.

## 8. Türken und Kurden in Deutschland

Die ersten Kurden kamen bereits in den fünfziger Jahren nach Deutschland. Es waren meist Intellektuelle aus wohlhabenden Familien aus dem Irak, die in der Bundesrepublik Schutz vor politischer Verfolgung suchten.

Im Rahmen des Anwerbevertrages mit der Türkei trafen in den sechziger und siebziger Jahren auch Menschen aus Ostanatolien, zwar türkischer Nationalität, aber kurdischer Abstammung, in der Bundesrepublik ein. Die politischen Veränderungen in der Türkei und dem Irak in den Siebzigern und Achtzigern veranlaßten immer mehr politisch aktive irakische und türkische Kurden, ihre Länder zu verlassen und Asyl in der Bundesrepublik zu suchen. Ca. 30000 bis 40000 dieser Personen sind anerkannte Flüchtlinge oder stehen noch im Asylbewerbungsverfahren. Die sich verschlechternde ökonomische Lage und die politischen Wirren verursachten jedoch auch unter der politisch inaktiven kurdischen Bevölkerung den Wunsch, die eigene Situation durch Arbeitsmigration nach Deutschland zu verbessern. Im Rahmen der Familienzusammenführung erhöhte sich zusätzlich in den siebziger Jahren der Anteil der Kurden in der Bundesrepublik.

Nach Schätzungen sind etwa 300000 bis 400000 der 1,918 Millionen türkische Staatsangehörige kurdischer Abstammung. Damit hat Deutschland im Vergleich zu anderen westeuropäischen Staaten einen vergleichsweis hohen Anteil an Kurden unter der ausländischen Wohnbevölkerung. Kurden haben je nach ihrem Herkunftsland türkische, irakische, iranische oder syrische Staatsangehörigkeit. Kurdische Siedlungsgebiete kleineren Umfangs existieren ferner in Armenien, Aserbeidschan, Georgien, Kasachstan, Kirgisien und Turkmenistan.

Die Kurden sind zum überwiegenden Teil sunnitische Muslime schafiitischer Prägung. Es gibt unter ihnen aber auch schiitische Muslime, Christen (Nestorianer und Assyrer) und ca. 17000 Yeziden. Die kurdischen Sprachen sind indogermanischen Ursprungs und haben mit dem Türkischen keine sprachliche Verwandtschaft. Das Kurdische war in den Herkunftsländern oft verboten oder sein Gebrauch mit Repressalien verbunden. Bis heute gibt es keine gemeinsame Schrift, in der sich Kurden aus den verschiedenen Ländern verständigen könnten. Kurden aus der Türkei benutzen das lateinische Alphabet, Kurden aus dem Iran die persische Schriftsprache, arabisch schreiben die irakischen Kurden und kyrillisch diejenigen, die in Gebieten der ehemaligen Sowjetunion siedeln. Die in der überwiegenden Zahl aus dem Südosten der Türkei stammenden Kurden in Deutschland sprechen entweder Zaza oder Kurmançi. Die meisten kurdischen Arbeitsmigranten beherrschen außerdem die Verkehrssprache der Türkei, also Türkisch.

Das Verhältnis zwischen Türken und Kurden ist ein schwieriges und sensibles Thema. Dabei beziehen sich die Schwierigkeiten weniger auf die persönlichen, zwischenmenschlichen Beziehungen als vielmehr auf den Umgang der offiziellen türkischen Seite mit der kurdischen Minderheit sowie den alleinigen Interessenvertretungsanspruch der Arbeiterpartei Kurdistans (PKK), die sowohl nach türkischen als auch nach internationalen Kriterien als Terrororganisation gilt.

Die politischen und militärischen Auseinandersetzungen zwischen türkischen Regierungstruppen und PKK-Aktivisten im Südosten der Türkei sind deutlich zu trennen von dem nachbarschaftlichen Zusammenleben einer Bevölkerung der unterschiedlichsten ethnischen und religiösen Zusammensetzung in dieser Region, die als ein kultureller Schmelztiegel bezeichnet werden darf. Hier leben in vielen Provinzen überwiegend Kurden, aber auch assyrische Christen sowie Türken arabischer Abstammung. Die Kurden setzen sich ihrerseits aus Angehörigen der unterschiedlichsten Religionsgemeinschaften zusammen, wie Muslimen sunnitischer Prägung, Aleviten, Yeziden, Nestorianern. Allein diese kleine Auflistung zeigt, durch welche Vielfalt kultureller Elemente der Südosten der Türkei gekennzeichnet ist.

Doch es ist nicht diese Besonderheit der Region, die sie immer wieder in den Mittelpunkt nicht nur der türkischen Innenpolitik, sondern auch des Weltinteresses rückt. Mittlerweile muß dort von

Krieg gesprochen werden, und seine Beendigung stellt derzeit eine der größten Herausforderungen der türkischen Politik dar. Die Bewohner dieser geographisch teilweise höchst unwegsamen Region, die durch die jahrhundertelange Ausbeutung durch lokale Feudalherren sowie jahrzehntelange wirtschaftliche und soziale Vernachlässigung seitens der Zentralregierung in Ankara zum Armenhaus der Türkei geworden ist, sehen sich tagtäglich den blutigen Auseinandersetzungen zwischen der PKK und türkischen Regierungstruppen ausgesetzt. Seit 1984, seitdem die PKK der türkischen Regierung „den Krieg erklärt" hat, starben allein laut offiziellen Verlautbarungen (1993) über 6000 Menschen, unter ihnen viele Frauen und Kinder.

## *Geschichtlicher Hintergrund*

Die Republik Türkei ist aus den Trümmern eines Vielvölkerstaates, des Osmanischen Reiches, hervorgegangen und hat daher eine pluralistische ethnische Struktur. Neben den Türken lebten Araber, Armenier, Griechen, Juden, Kurden und Menschen weiterer Ethnien und Religionen auf dem ehemals osmanischen Gebiet, von dem ein Teil die jetzige Türkei bildet. Nach dem verlorenen Ersten Weltkrieg, in den das Osmanische Reich als Bündnispartner Deutschlands eingetreten war (Stichwort: Deutsch-türkische Waffenbrüderschaft), bezweckten die westlichen Siegermächte mit der Unterzeichnung des Vertrages von Sèvre im Jahre 1920 die endgültige Aufteilung des Osmanischen Reiches. Die darin enthaltene Möglichkeit der Gründung eines kurdischen Staates läßt sich aus dieser Motivation der Alliierten erklären. Sèvre wurde den Vertretern des Osmanischen Reiches diktiert und war die Besiegelung der Kapitulation und des Untergangs eines ehemals mächtigen Weltreichs.

Als drei Jahre später der Vertrag von Lausanne paraphiert wurde, hatten sich die Vorzeichen geändert. Dieser bis heute völkerrechtlich gültige Vertrag steckt die Grenzen einer jungen Republik ab, die in einem bis dahin ungekannten Befreiungskampf entstanden war und sich mit einer mehrheitlich islamischen Bevölkerung zur laizistischen Staatsführung bekannte. Der Vertrag von Lausanne schützt die religiösen Rechte der als Minderheiten anerkannten Angehörigen nichtislamischer Konfessionen (Armenier, Griechen, Juden).

## *Zum Begriff „Kurdistan"*

Im Südosten der Türkei lebt ein Großteil der Kurden, die laut Schätzungen etwa 15–20 % der Gesamtbevölkerung der Türkei ausmachen. In vielen Provinzen des Südostens stellen Menschen kurdischer Abstammung die überwiegende Mehrheit der Bevölkerung. Im Volksmund sowie als geographischer Begriff ist die Bezeichnung „Kurdistan" für ein nicht genau abgegrenztes Gebiet im Südosten der heutigen Türkei seit dem Osmanischen Reich durchaus gebräuchlich. Dieses Gebiet endet nicht an den Grenzen der Türkei, sondern erstreckt sich bis hinein nach Syrien, den Iran und Irak. Es gilt als traditionelles Siedlungsgebiet der Kurden. Im Irak existiert eine autonome Region Kurdistan, deren Status jedoch immer wieder, wie z. B. im Golf-Krieg, verletzt wird. (Im Zuge des Golf-Krieges suchten Hunderttausende irakischer Kurden auf der Flucht vor irakischen Regierungstruppen Zuflucht in den angrenzenden Bergregionen der Türkei.)

Der Begriff „Kurdistan" ist also als ethnographischer Begriff für eine größtenteils von Kurden bewohnte Region im Mehr-Länder-Eck zu sehen und nicht als Bezeichnung für einen fest umrissenen Nationalstaat. Einen völkerrechtlich anerkannten Staat „Kurdistan", wie er von verschiedenen kurdischen Organisationen in unterschiedlicher politischer Form und Größe gefordert wird, hat es bisher nicht gegeben. Zwar gab es im Siedlungsgebiet seit dem 11. Jahrhundert kurdische Fürstentümer und verschiedentlich Versuche der Gründung kurdischer Republiken in den einzelnen Siedlungsgebieten, aber nach dem Zerfall des Osmanischen Reiches und mit Gründung der Staaten Syrien, Türkei, Iran und Irak wurden die Kurden in diesen Staaten zu ethnischen und/oder religiösen Minderheiten.

*Der Nationalgedanke der Republik Türkei
und die Kurdenproblematik*

Der Laizismus als oberstes Prinzip in der Türkei garantiert die Trennung von Religion und Staat und ist gleichzeitig die Garantie für das Zusammenleben von Menschen verschiedener ethnischer Abstammung in den Grenzen des Landes als eine Nation. Das Verbindende ist nicht die Religion, die Konfession oder gar die Ethnie, sondern der politische Wille, nach einem blutigen Befreiungskampf gegen westliche Besatzermächte zu Anfang des Jahrhunderts, in einer nationalen Einheit zu existieren. Es ist der Nationalgedanke, auf dem die Republik Türkei gründet, und das Bewußtsein, daß Menschen verschiedener Ethnien das türkische Volk bilden. Dieses soziologische Faktum muß bei der Betrachtung der Probleme im Südosten der Türkei und bei Lösungsansätzen zu deren Überwindung im Auge behalten werden.

Eine Politik, die vor diesen historischen Tatsachen die Augen verschließt und den Kulturreichtum der Türkei, die Vielfalt der Gesellschaft und beispielsweise unterschiedliche Muttersprachen als ein innenpolitisches Hindernis betrachtet, wird nicht imstande sein, in der gegenwärtig prekären Situation adäquate politische Lösungen herbeizuführen.

Eine der schwersten Hypotheken, die der jetzigen Regierung vom Militärregime von 1980 hinterlassen wurden und ursächlich zu der gewalttätigen Situation in der Osttürkei beitragen, sind die speziellen politischen Regelungen und Handhabungen in der Region und die generelle Unterdrückung politischer Betätigung in den achtziger Jahren in der gesamten Türkei. Diese Regelungen, die mit den oben skizzierten Grundsätzen der Republikgründer nur schwerlich in Einklang zu bringen sind, kann man grob in zwei Punkte unterteilen:

– Die Einführung und Verschärfung des Ausnahmezustands über die Ostprovinzen, also eine ständige Militärpräsenz über einen sehr langen Zeitraum, und die Einführung des Systems der bewaffneten Dorfschützer (einer Art Bürgerwehr) bei gleichzeitiger Vernachlässigung der soziologischen, kul-

turellen, gesellschaftlichen und wirtschaftlichen Dimensionen der Probleme dieser Region.
- Die Schließung von Parteien und Gewerkschaften, allgemein das Verbot der politischen Betätigung durch das Militärregime von 1980, das nicht nur verheerende Folgen für die politische Kultur in der Türkei hatte, sondern auch oppositionelle Gruppen in den Untergrund trieb.

## *Ausnahmezustand in den östlichen Provinzen*

Die anhaltenden Spannungen verhindern ein geregeltes soziales Leben in der Region. Seit 1980 gilt für über die Hälfte der Ostprovinzen der Ausnahmezustand, die Bevölkerung steht vor unlösbaren Sicherheitsproblemen. Dies ist ein Faktor, der letztendlich die ohnehin schon starken Wanderbewegungen in die Großstädte der westlichen Türkei fördert. Zwischen 1980 und 1985 verließen nach offiziellen Angaben knapp 356 000 Menschen die Osttürkei in Richtung Westen. Besonders in Phasen wirtschaftlicher Stagnation ist ein verstärktes Anwachsen der Bevölkerung westlicher Großstädte durch Menschen aus der Osttürkei zu verzeichnen.

Hinzu kommt eine kurzsichtige Politik gegenüber der kurdischstämmigen Bevölkerung und die Leugnung von deren eigenständigen kulturellen Werten, die sich auch und gerade in dem Verbot der kurdischen Sprache manifestierte. Die Ignoranz gegenüber der kulturellen Eigenständigkeit, die Tabuisierung dieses Themas, wurde erst durch Ministerpräsident Turgut Özal ab 1989 aufgehoben. Die gegenwärtige Koalitionsregierung hat sich seit Oktober 1991 dieses Themas angenommen. Die Koalitionsregierung Süleyman Demirel/Erdal Inönü leitete ab Dezember 1991 eine ausführliche Reformpolitik für die Regionen mit hohem Kurdenanteil ein, mit dem Ziel, ein friedliches Zusammenleben der verschiedenen Bevölkerungsteile in diesen Gebieten zu erreichen. Die Frage, wie der kurdischen Minderheit, jenseits der extremistischen Forderungen der PKK, zu mehr Anerkennung verholfen werden kann, wird heute, und dies darf als ein Verdienst des verstorbenen Ministerpräsidenten Özal angesehen werden, in der Türkei in den verschiedensten gesellschaftlichen Gruppen diskutiert. Die Diskussionen reichen bis zu den möglichen Auswirkungen im Fall der Gründung einer türkisch-kurdischen Föderation. Es ist allerdings ein Faktum, daß föderalistische Bestrebungen in der Türkei angesichts der zentralistischen Struktur und Tradition des türkischen Staates kaum auf breite Zustimmung treffen dürften.

## *Auswirkungen des Konflikts in Deutschland*

Während die erste Generation der kurdischen Migranten sich im Rahmen der hier ausgeprägten türkischen Sozialisation noch vorrangig als Türken und nicht als Kurden begriff, betonen die zweite und dritte Generation – wie auch die in den achtziger Jahren nach Deutschland geflohenen Kurden – ein im Exil entwickeltes eigenes kurdisches Selbstbewußtsein. So legen immer mehr junge Kurden in Deutschland Wert darauf, die Sprache, die ihre Eltern bereits vergessen hatten, neu zu lernen, kurdische Exilliteratur entsteht.

Die Aktivitäten der PKK belasten mittlerweile das Zusammenleben zwischen Türken und Kurden allgemein und beeinflussen auch das Miteinander beider Bevölkerungsgruppen in der Bundesrepublik. Die Separatistenorganisation versucht einen Keil zwischen Türken und Kurden zu treiben. Die Weltöffentlichkeit soll den Eindruck gewinnen, daß die PKK die legitime Vertreterin aller Kurden sei. Doch entgegen der PKK-Propaganda leben Türken und Kurden in Deutschland relativ friedlich miteinander.

## *Kurdische Organisationen in Deutschland*

In Deutschland gibt es kurdische Organisationen, die den in den kurdischen Regionen im Nahen Osten operierenden Parteien nahestehen und zum Teil deren Tochterorganisationen darstellen. Daneben gibt es erst in Deutschland gegründete

Exilorganisationen. Sie sind fast ausschließlich links-nationalistisch orientiert.

*KOMKAR (Yekikiya Komelèn Kurdıstan)* ist die Abkürzung für den „Verband der Vereine aus Kurdistan" mit Sitz in Köln. Ziel der linksorientierten, an einem deutsch-kurdischen Dialog interessierten Organisation ist es, sich für eine politische, gewaltfreie Lösung des Kurdistan-Konfliktes einzusetzen. Im Sinne des Selbstbestimmungsrechts der Völker sieht sie u. a. eine Lösungsmöglichkeit darin, mit der Türkei eine Föderation zweier unabhängiger, gleichberechtigter Republiken (Türkei, Kurdistan) zu bilden.

Die *PKK (Partiya Kerkeren Kurdıstan)*, die Arbeiterpartei Kurdistans, wurde 1978 in der Türkei gegründet. Sie versteht sich als eine den Grundsätzen des Marxismus und Leninismus verpflichtete Kaderpartei, deren Ziel „die Abschüttelung der Fremdherrschaft und die Errichtung eines unabhängigen kurdischen Staates" ist. Der bewaffnete Kampf gilt für die Terrororganisation PKK als probates Mittel, dieses Ziel zu erreichen. Offiziell tritt die PKK in Deutschland unter diesem Namen nicht in Erscheinung. Aber es existierten bis zum Verbot des Bundesinnenministers im November 1993 verschiedene Tochterorganisationen in Form von ca. 15 eingetragenen kurdischen Arbeiter- und Kulturvereinen, mit einem Dachverband „Föderation der patriotischen Arbeiter- und Kulturvereinigungen aus Kurdistan in der BRD e. V.". Seit Anfang 1992 richtet die PKK auch Drohungen an die Bundesregierung. Auf einer Pressekonferenz in Brüssel machte die „Nationale Befreiungsfront Kurdistans" (ERNK), quasi die Propagandaorganisation der PKK mit Sitz in Köln, Deutschland wegen seiner Militärhilfe für das Vorgehen des türkischen Militärs mitverantwortlich und erklärte die Bundesrepublik zum Kriegsgegner Nr. 2. Die PKK drohte mit Vergeltungsschlägen gegen deutsche Einrichtungen und Personen in der Türkei und warnte vor Reisen in die Kriegsgebiete Türkei und Kurdistan. Am 22. November 1993 wurde die PKK nach Bombenattentaten in den Touristengebieten der Türkei und einer Reihe von Anschlägen auf türkische Institutionen, Organisationen, Geschäfte etc. in der Bundesrepublik durch einen Beschluß des Bundesinnenministeriums verboten. Doch haben sich mit diesem Verbot ihre Aktivitäten in Deutschland nicht ernsthaft verhindern lassen. Es gibt Hinweise darauf, daß die PKK „Schutzgelder" von in Deutschland lebenden Kurden erpreßt, um damit den Kampf in der Heimat zu finanzieren.

Andere kleinere, der kurdischen Organisation PKK nahestehende Vereinigungen sind zum Teil aufgrund ihrer Zielsetzungen, zum Teil auch aufgrund ihrer undemokratischen Mittel und Terroranschläge vom deutschen Verfassungsschutz als verfassungswidrig eingestuft und verboten worden.

# 9. Die Medien der türkischen Bevölkerung in Deutschland

## Türkische Tageszeitungen

Türkische Tageszeitungen sind bereits seit geraumer Zeit zu einem festen Bestandteil der Presselandschaft in der Bundesrepublik Deutschland geworden. Nach Angaben der Redaktion erscheinen die Zeitungen z. Zt. täglich mit einer europaweiten Gesamtauflage von ca. 323 000 Exemplaren.

Mit 87% (1994) liest ein großer Teil der Türken in Deutschland regelmäßig türkische Zeitungen. (Im Vergleich: Nach einer Erhebung in 18 566 Haushalten in der Türkei schätzten sich nur knapp 30% der Befragten als Zeitungsleser ein.) Während die Auflagenzahlen der Zeitungen in der Türkei abnehmen, verzeichnen die türkischen Zeitungen in Deutschland ständig steigende Auflagenzahlen. Der Grund für diese hohe Quote liegt nicht nur darin, daß die türkischen Leser über mangelnde Deutschkenntnisse verfügen, denn immerhin ein Viertel der täglichen Leser türkischer Tageszeitungen liest auch täglich eine deutsche Zeitung. Die Beliebtheit türkischer Tageszeitungen in der Bundesrepublik liegt einerseits in dem Wunsch nach näheren Informationen über die Ereignisse in der Heimat begründet, andererseits dienen sie als wichtige Informationsquellen über die Vorgänge in der Bundesrepublik Deutschland. Der Anstieg der Auflagenzahlen türkischer Tageszeitungen ist um so beachtlicher, als ihnen ein wachsendes Angebot türkischer Fernsehprogramme gegenübersteht, die mittlerweile von einem Großteil der türkischen Wohnbevölkerung empfangen werden können.

Ende der sechziger Jahre erschienen die türkischen Tageszeitungen „Tercüman" und „Akşam" als erste auf dem deutschen Medienmarkt, wobei „Akşam" schon nach kurzer Zeit seine Publikation einstellen mußte. Nachdem in den darauffolgenden Jahren auch die Versuche anderer türkischer Zeitungen („Cumhuriyet", „Sabah", „Meydan", „Güneş"), in der Bundesrepublik Fuß zu fassen, scheiterten, erscheinen heute acht türkische Tageszeitungen mit eigenen Europa-Ausgaben. Dabei handelt es sich um die Zeitungen „Hürriyet", „Milliyet", „Yeni Günaydin", „Tercüman", „Milli Gazete", „Türkiye", „Özgür Ülke" und „Zaman". Außerdem publiziert „Cumhuriyet" seit Oktober 1990 eine Wochenzeitung in der Bundesrepublik. „Hürriyet" und „Tercüman" erscheinen mit einer eigenen Nordrhein-Westfalen-Beilage. Diese beiden Zeitungen sowie „Milliyet" verfügen darüber hinaus auch über eine wöchentliche Berlin-Beilage. „Dünya", eine Wirtschaftszeitung, erscheint seit 1992 wöchentlich.

Alle Zeitungen werden in Frankfurt gedruckt. Dort befindet sich der Hauptsitz der Redaktionen. Hauptamtliche Journalisten arbeiten in verschiedenen Großstädten der Bundesrepublik wie Bonn, Hamburg, Berlin, München und Köln. Sie berichten vorzugsweise über Themen international-politischen Inhaltes. Einen

*Tabelle 6:* Auflagenhöhe sowie inhaltliche und politische Ausrichtung der Europa-Ausgaben verschiedener türkischer Zeitungen (nach eigenen Angaben, Mai 1994)

| Zeitung | redaktionelle Linie | Auflagenhöhe insgesamt | davon in der BRD vertrieben |
|---|---|---|---|
| Hürriyet | liberal | 168 943 | 72 000 |
| Tercüman | konservativ | 6 000 | 5 000 |
| Milliyet | linksliberal | 32 000 | 18 000 |
| Yeni Günaydin | konservativ | 21 000 | 14 000 |
| Milli Gazete | konservativ, stark islamisch geprägt | 7 200 | 7 200 |
| Türkiye | rechtsliberal | 56 000 | 50 000 |
| Zaman | konservativ stark religiös geprägt | 7 000 | 4 000 |

Großteil der Berichterstattung übernehmen ca. 130 nebenamtliche Lokalreporter, die sich auf ganz Deutschland verteilen. Fast die Hälfte arbeitet in Nordrhein-Westfalen, wo sich der größte Teil der türkischen Wohnbevölkerung aufhält. Da sich die Berichterstattung dieser Lokalreporter speziell auf Kommunales bezieht, werden ihre Artikel von der Leserschaft mit großem Interesse gelesen.

„Hürriyet", eine der traditionsreichsten Tageszeitungen der Türkei, erscheint schon seit 1972 mit einer speziellen Deutschlandausgabe. Mit einer Auflage von ca. 169 000 Exemplaren ist sie die türkische Zeitung mit den meisten Lesern und daher auch dem breitesten Einfluß auf die türkischen Migranten in der Bundesrepublik. „Hürriyet" kann auf dem politischen Spektrum als liberal eingestuft werden.

Nach eigenem Selbstverständnis bemüht sich „Milliyet" um „seriösen Journalismus", geht davon aus, daß die meisten Türken dauerhaft in der Bundesrepublik bleiben und möchte deshalb ausführlich über die Entwicklungen in der Bundesrepublik informieren. Sie vertritt die These einer „wechselseitigen Integration" und vermeidet bewußt die Aufbauschung von Ausländerfeindlichkeit, weil sie an guten Beziehungen zwischen Deutschen und Türken interessiert ist. „Milliyet" hat eine tägliche Auflage von 32 000 Exemplaren und tendiert zum linksliberalen Lager.

„Tercüman" gilt als eher konservativ geprägte Zeitung.

Die Zeitung „Türkiye" ist ein auch in der Türkei sehr junges Blatt, aber mit einem großen Leserkreis. In der Bundesrepublik erscheint sie erst seit 1988. „Türkiye" ist rechtsliberal geprägt. Nach Angaben der Herausgeber wird sie täglich in einer Gesamtauflage von 56 000 Exemplaren in der Bundesrepublik hergestellt.

Einen Sonderfall stellt „Milli Gazete" dar, ein streng islamisch ausgerichtetes Blatt, das ausschließlich an Abonnenten ausgeliefert wird. Nach Angaben der Redaktion beträgt die Auflage z. Zt. 7200 Exemplare. „Milli Gazete" wurde 1973 als Zeitung für die Muslime in der Türkei gegründet. Sie setzt sich bewußt von den „Boulevard-Blättern mit massenpsychologischen Tricks" ab und kritisiert die „Quasi-Religiosität" einiger rechtsgerichteter Zeitungen, die „die betont islamisch orientierten Teile der türkischen

Bevölkerung oder deren Institutionen bei jeder Gelegenheit mit schärfsten Schlagzeilen angreifen". Sie hat sich selbst die Verschmelzung von Islam und Journalismus zum Ziel gesetzt.

Die Tageszeitung „Zaman" ist stark islamisch geprägt und hat eine konservative Redaktionslinie. „Zaman" erreicht inzwischen eine Auflagenhöhe von ca. 7000 Exemplaren.

Darüber hinaus erscheint mit „Özgür Ülke" wöchentlich eine radikal-kurdisch orientierte Zeitung in einer Auflagenhöhe von ca. 15 000 Exemplaren.

„Fotospor" berichtet täglich von der Sportlandschaft der Türkei. Seit 1990 erscheinen die Wochenzeitungen „Dünya-Hafta" und „Cumhuriyet". Zudem erscheinen wöchentlich „Hafta Sonu", „Türkstar" und „Haber", die allerdings reine Boulevardzeitungen sind.

„Hürriyet", „Tercüman" und „Milliyet" versuchen, ihre Leser ausführlich über die politische, ökonomische und soziale Situation im Aufnahmeland zu informieren und können ihnen dadurch Orientierungshilfen bieten. „Hürriyet" und „Tercüman" greifen dabei zwar oft reißerisch auf Artikel im Stil der Boulevardzeitungen zurück, engagieren sich aber auch, indem sie selbst Kampagnen starten oder auf Initiativen und Möglichkeiten des gesellschaftlichen Engagements hinweisen.

Die türkische Presse ist bemüht, nicht nur eine Informationsfunktion für ihre Leserschaft zu erfüllen, sondern auch selbst eine aktive Rolle in der gesellschaftlichen Entwicklung zu spielen. Ein spezifisches Selbstverständnis trifft für alle hier erscheinenden Zeitungen, unabhängig von ihrem politisch-ideologischen Standpunkt, zu: Die türkische Presse versteht sich heute explizit als Anwalt ihrer jeweiligen Leserschaft. Dieses Selbstverständnis prägt die Art ihrer Berichterstattung. Ihre selbst übernommene anwaltschaftliche Funktion zwingt die Zeitungen nachzuweisen, sich gegenüber öffentlichen Institutionen und Behörden massiv für die Interessen ihrer Leserschaft eingesetzt zu haben.

Eine weitere Besonderheit der türkischen Zeitungen besteht in ihrem äußeren Erscheinungsbild: Sie legen ausgeprägten Wert auf das Visuelle, so daß für ausländische Beobachter ein Vergleich mit der europäischen Boulevardpresse naheliegt. Die Schlagzeilen erscheinen kürzer und größer als in europäischen Blättern. Fotos beanspruchen einen großen Teil des zur Verfügung stehenden Raumes.

Ein Großteil der erwähnten Tageszeitungen erscheint in Deutschland einen Tag später als die Europa-Ausgaben der in der Türkei erscheinenden Tageszeitungen. Ihr Umfang variiert zwischen 12 und 18 Seiten; sie erscheinen siebenmal in der Woche. Alle heute in Deutschland gedruckten Zeitungen sind privatwirtschaftlich organisiert. Türkische Redakteure in Istanbul und in Frankfurt gestalten die Zeitung gemeinsam. Nachdem die Originalausgabe von türkischen Redakteuren in der Türkei vorbereitet und veröffentlicht wurde, gestaltet sie die Redaktion für die entsprechende Auslandsausgabe je nach Menge des von der Frankfurter Redaktion beschafften Materials und der Deutschlandanzeigen um und schickt die ganze Filmvorlage per Flugzeug oder via Satellit nach Frankfurt. Zusätzliche Änderungen werden noch in Deutschland vorgenommen. Gegen Abend gehen die Zeitungen in Druck, werden von den deutschen Verteilerfirmen abgeholt und in der Bundesrepublik und anderen europäischen Ländern vertrieben.

### *Brücke zur Heimat*

Egal welche politische oder religiöse Weltanschauung die türkischen Tageszeitungen im einzelnen vertreten – sie stellen für ihre Leserschaft eine Brücke zur Heimat dar und dienen damit der Aufrechterhaltung ihrer kulturellen und nationalen Identität. Auf der anderen Seite bieten sie den Lesern durch ihre Berichterstattung auch Orientierungshilfen in der deutschen Gesellschaft und können damit wesentlich zur gesellschaftlichen Integration ihrer Leser beitragen. Welche dieser beiden Funktionen im Vordergund steht, hängt vom jeweiligen redaktionellen Konzept, der Themenauswahl und der Art der Berichterstattung ab. Sowohl die in den letzten Jahren wachsende Anzahl in der Bundesrepublik erscheinender türkischer Tageszeitungen als auch deren gestiegene Auflagenhöhe lassen auf eine

Zunahme des Stellenwerts dieser Zeitungen für die türkische Bevölkerung in der Bundesrepublik schließen.

*Fernsehprogramme für die türkische Wohnbevökerung*

In den letzten Jahren hat sich ein weiteres Medium bei den in Deutschland lebenden Türken durchgesetzt, das Fernsehen. Bis Ende der achtziger Jahre war hier die Auswahl relativ gering. Die türkische Bevölkerung war ausschließlich auf die überregionalen Fernsehprogramme der deutschen Fernsehanstalten angewiesen.

*Deutsche Sendeanstalten*

Schon seit Mitte der sechziger Jahre werden für die türkische wie für die ausländische Wohnbevölkerung überhaupt spezielle Programme ausgestrahlt. Seit 1964 produziert das Zweite Deutsche Fernsehen (ZDF) mit „Nachbarn" das traditionsreichste für Ausländer gesendete Programm. Die Fernsehsendung „Babylon" (früher „Ihre Heimat/Unsere Heimat"), eine der ältesten „Gastarbeitersendungen" der öffentlich-rechtlichen Sendeanstalten, wird seit 1965 vom WDR Köln ausgestrahlt und von anderen Dritten Fernsehanstalten (BR, HR, SDR) in dieser Form übernommen. Ursprünglich sendete „Babylon" bzw. „Ihre Heimat/Unsere Heimat" Nachrichten und Berichte aus den Heimatländern der Arbeitsmigranten in sechs Spachen: Türkisch, Italienisch, Spanisch, Griechisch, Portugiesisch und Serbokroatisch. 1973 wurden erstmalig auch in türkischer Sprache Sendungen ausgestrahlt. Seit 1975 wurden die bis dahin ausgestrahlten Nachrichten und Unterhaltungselemente aus der Heimat durch zusätzliche Beiträge, die sich auf das Leben in der Bundesrepublik beziehen, ergänzt.

*Videokonsum*

Die bestehenden sprachlichen Defizite vor allem der ersten Generation, aber auch die emotionale Verbundenheit mit ihrer Herkunft, die mehr oder weniger alle Generationen betrifft, haben in der Vergangenheit dazu geführt, daß der Großteil der türkischen Wohnbevölkerung auf Medienangebote in türkischer Sprache zurückgriff, soweit diese verfügbar waren. Dadurch entstand zu Beginn der achtziger Jahre ein Videoboom gerade bei der türkischen Wohnbevölkerung: Während 44 % der deutschen Haushalte über einen Videorecorder verfügten, betrug der Anteil innerhalb der ausländischen Bevölkerung in Deutschland schon 64 %. Die türkischen Videofilme wurden überwiegend in der Türkei produziert und konnten über 13 verschiedene Vertriebsfirmen in Deutschland bezogen werden. Allein in Nordrhein-Westfalen existierten ca. 300 Videoverleihbetriebe. Die Videorecorder stellten häufig die einzige Möglichkeit dar, türkischsprachige Filme in Deutschland zu konsumieren. Neben Arabesken, Komödien, Heimatfilmen oder Abenteuer- und Actionfilmen besaßen Anbieter religiöser Filme einen großen Marktanteil. Nach Einführung der Kabel- bzw. Satellitenempfangstechnik ist die Entwicklung auf dem Videomarkt jedoch stark rückläufig. Zudem wiesen die angebotenen Videofilme oft eine mindere Qualität auf. Gerade die zweite Generation hat mittlerweile andere Freizeitmöglichkeiten als Fernsehen für sich entdeckt.

*Kabel- oder Satellitenprogramme*

Neben einigen regionalen türkischsprachigen Sendern in Berlin sind insgesamt acht türkische Programme bundesweit zu empfangen. Die sieben privaten Sender „interSTAR" (früher STAR 1), „Show-TV", „ATV", „Kanal 6", „HBB", „Kanal D" und „TGRT" sind dabei ausschließlich über Satellit zu empfangen, während „TRT-International", das Auslandsfernsehen der öffentlich-rechtlichen „Türkische Radio TV Cooperation" seit etwa vier Jahren, mit einer derzeitigen technischen Reichweite von ca. 9,7 Mio. Haushalten, zusätzlich auch bundesweit ins Kabelnetz eingespeist wird. „Kanal 6", „HBB", „Kanal D" und „TRGT" sind die jüngsten türkischen Programmanbieter und werden seitens der türkischen Wohnbevölkerung in Deutschland nur selten verfolgt, da sie über eine andere Satellitenfrequenz zu empfangen sind als die restlichen Privatsender. Um alle Privatsender empfangen zu können, müßte man eine motorisierte Satellitenantenne haben. Alle diese privaten Fernsehprogramme sind Vollprogramme.

## *Lokales Fernsehen in Berlin*

In Berlin gibt es vier private türkische Lokalsender: Das „Berlin Türkiyem Televizyonu (BTT)" sendet seit November 1986 täglich etwa sechs Stunden Serien, Musikvideos, Zeichentrickfilme, Sport und Frauensendungen. Das „Türkische Fernsehen in Deutschland (TFD)" sendet seit 1989, es wird von der islamischen Organisation AMGT *(Avrupa Milli Görüş Teşkilatları)* unterstützt, die wiederum die Politik der pro-islamisch türkischen „Wohlfahrtspartei" fördert. „TFD" strahlt zahlreiche Berichte, Diskussionen über religiöse und politische Fragen sowie Presseschauen über türkische Zeitungen aus. Das „Avrupa Türk Televizyonu (ATT)" sendet seit 1986 täglich zwei Stunden deutsche und türkische Beiträge anderer Sender. Eigenproduktionen werden nur in einem sehr begrenzten Umfang hergestellt. „TD 1" verfügt als größter türkischer Privatanbieter in Berlin über das umfassendste Programm. Es hat eine eigene Nachrichtensendung und produziert zum Teil auch Livesendungen. Das Programm besteht aus Musik, Serien, Kinder- und Magazinsendungen, Sport und telefonischer Zuschauerberatung.

Angesichts dieses breiten Angebots liegt es auf der Hand, daß, verglichen mit deutschen Haushalten, die türkischen Haushalte überdurchschnittlich gut mit Kabelanschlüssen und Satellitenempfängern versorgt sind. In den Großstädten verfügen 51,7 %

der türkischen Haushalte über einen Kabelanschluß, 27,2 % über einen Satelliten- und sechs Prozent sowohl über einen Satelliten- als auch einen Kabelanschluß. Lediglich in 15,1 % der befragten Haushalte ist nur eine Antenne vorhanden.

## *Nutzung türkischer und deutscher Sender*

Nach den Ergebnissen verschiedener Untersuchungen ist davon auszugehen, daß das deutsche Fernsehen, im Gegensatz zu den über Kabel und Satellit zu empfangenden öffentlich-rechtlichen und privaten türkischen Programmen, in den türkischen Haushalten nur ein Schattendasein fristet. Die Einschaltquoten von ARD, ZDF, RTL plus und SAT 1 liegen gerade einmal zwischen 3,5 und 1,5 %. Lediglich die türkischen Haushalte, die nur über einen Antennenanschluß verfügen und somit keine türkischen Programme empfangen können, nutzen die deutschen Sender in nennenswertem Umfang.

Uneingeschränkter Spitzenreiter in der Zuschauergunst ist das Auslandsfernsehen der öffentlich-rechtlichen „Türkische Radio-TV-Cooperation" (TRT), die mit ca. 10 000 Mitarbeitern zu den größten europäischen Sendeanstalten zählt. Seit 1990 kann das Programm in allen alten Bundesländern, in der Schweiz, in Belgien, Holland, Dänemark, England, in der Türkei sowie in den Turkrepubliken über Kabel oder via Satellit empfangen werden, 57 % der 1,918 Mio. Türken in Deutschland sehen Abend für Abend TRT, um Nachrichten, Musik- und Unterhaltungsshows, Filme und Serien aus der Heimat zu konsumieren. Darüber hinaus produziert TRT-International große Programmanteile in Deutschland, die über 30 % der Sendezeit ausfüllen. Das Programm wird ausschließlich vom türkischen Staat finanziert. Allerdings ist der Zuschauerkreis des TRT-INT bei Haushalten mit der Möglichkeit zum Empfang von Satelliten relativ gering, da die privaten Anbieter bevorzugt werden.

## 10. Politische Beteilung von Türken in Deutschland

Die Möglichkeiten zur Mitgestaltung des gesellschaftlichen und politischen Lebens in der Bundesrepublik sind auch heute noch für die türkische Minderheit sehr begrenzt. Insbesondere auf kommunaler und betrieblicher Ebene existieren jedoch bestimmte Formen politischer Partizipation.

### *„Sachkundige Einwohner"*

Seit der Änderung der Gemeindeordnung vom 1. Oktober 1984 dürfen Ausländer nicht nur in Baden-Württemberg, Hessen und Niedersachsen, sondern auch in Nordrhein-Westfalen als sogenannte sachkundige Einwohner in den Rathäusern mitwirken. Im Gegensatz zum Ausländerbeirat sind sachkundige Einwohner in den Ratsausschüssen vertreten. Dabei ist deren Kompetenz allerdings auf eine beratende Mitwirkung beschränkt. In den Ratsausschüssen findet eine direkte Einbindung von Ausländerangelegenheiten in die kommunalpolitischen Entscheidungsprozesse statt. Fragen und Probleme, die Ausländer betreffen und die im Rahmen der üblichen Ratsarbeit anfallen, werden hier behandelt.

### *Ausländerbeiräte*

Die Ausländerbeiräte sind ein parlamentarisches Gremium auf kommunaler Ebene, welches nur Anregungen an den Rat und den Oberstadtdirektor bzw. Oberbürgermeister richten kann, nicht aber die Kompetenz besitzt, Beschlüsse zu fassen und diese Beschlüsse in die Tat umzusetzen. Typisch für die Zusammensetzung der Ausländerbeiräte ist, daß auch deutsche Ratsmitglieder vertreten sind, um den Informationsfluß zwischen Ausländerbeirat und Stadt zu gewährleisten und Entscheidungen des Beirats in die Kommunalpolitik miteinfließen zu lassen. Nachdem jedoch das kommunale Wahlrecht auf der Grundlage der EU-Bürgerschaft in den nächsten Jahren eingeführt wird, werden diese Ausländerbeiräte drastisch an Gewicht verlieren, da Ausländer mit einem EU-Paß wahrscheinlich wenig Interesse haben werden, in diesem Gremium aktiv mitzuwirken.

*Türken und kommunales Wahlrecht*

Mehr als 38 Jahre nach dem ersten Abschluß einer Anwerbevereinbarung ist die ausländische Minderheit, und insbesondere die türkische, immer noch von maßgeblichen politischen Entscheidungsprozessen ausgeschlossen. Eine formale politische Partizipation, wie sie sich in einer repräsentativen Demokratie im Wahlakt vollzieht, ist den ausländischen Mitbürgern durch das Urteil des Bundesverfassungsgerichtes aus dem Jahre 1990 verwehrt worden. Das Urteil beendete die Diskussion um die Einführung eines Ausländerwahlrechtes auf kommunaler (und damit erst recht auf Bundes-)Ebene.

Die Befürworter des kommunalen Wahlrechts führten in erster Linie an, daß Ausländer und Deutsche von Entscheidungen im engsten Lebenskreis ihrer Wohngemeinde im gleichen Maße betroffen seien. Zudem stärke das kommunale Wahlrecht die Integration von Ausländern in die deutsche Parteienlandschaft. Auf der anderen Seite sei zu erwarten, daß durch die Einräumung des kommunalen Wahlrechts für Nicht-Deutsche ein gewisser Druck auf die etablierten Parteien ausgeübt würde. Um sich der neuen Wählerschaft zu versichern, bestünde ein Zwang zum verstärkten Engagement für diese Gruppe, was wiederum eine wirksame und durchdachtere Integrationspolitik nach sich ziehen könnte. Die Befürworter plädierten dafür, die guten Erfahrungen anderer Länder, die das kommunale Wahlrecht für Ausländer schon eingeführt haben (z. B. die Niederlande), zu berücksichtigen.

Die Gegner der Einführung des kommunalen Wahlrechts wandten – abgesehen von der verfassungsrechtlichen Argumentation, die sich insbesondere auf Artikel 20, Absatz 2 Grundgesetz stützt – ein, daß von Ausländern keine Loyalität gegenüber der Bundesrepublik zu erwarten sei und bei Einführung des Wahlrechts für Nicht-Deutsche die Einführung eines Zweiklassenwahlrechts drohe.

*Perspektiven*

Die Perspektiven für Drittstaaten-Angehörige, also Ausländer, die zwar in der EU leben, aber keine Staatsangehörigkeit eines EU-Landes besitzen (d. h. insbesondere Personen aus dem ehemaligen Jugoslawien, der Türkei und aus den Maghreb-Staaten), sind im Hinblick auf Möglichkeiten der politischen Partizipation äußerst begrenzt. Integration bedeutet aber auch politische Beteiligung. Daher muß die Problematik im Hinblick auf eine gemeinsame Zukunft aktiv gelöst werden. Haben die Konflikte schon zu einer politischen Eskalation geführt, ist es zu spät. Ausländerpolitik in Deutschland darf nicht weiterhin lediglich Ausländerbeschäftigungspolitik bedeuten, sondern muß sich zu einer Integrationspolitik entwickeln, die den tatsächlich gewandelten Verhältnissen auf deutschem Boden gerecht wird.

Selbst die Angehörigen der ermordeten Türkinnen aus Mölln und Solingen wollen in der Bundesrepublik bleiben. Viele türkische Rentner verbringen ihren Lebensabend in der Bundesrepublik. 14 500 türkische Studenten, von denen über 75 % hier das Gymnasium mit dem Abitur abgeschlossen haben, studieren an deutschen Hochschulen. Diese Minderheit darf, auch im Hinblick auf eine europäische Integration, keine Ausländergruppe zweiter Klasse sein. Hier sind alle gesellschaftlichen Gruppen gefordert, aber insbesondere die deutschen Politiker. Es ist dringend erforderlich, rechtliche und politische Rahmenbedingungen zu schaffen, die es der türkischen Bevölkerung erlauben, langfristig ihre Zukunft in der Bundesrepublik zu planen. Zur Zeit herrscht gro-

*Abb. 4:* Türkische Arbeitnehmer, eine Ausländergruppe zweiter Klasse?

ße Unsicherheit, inwieweit sich die türkischen Familien auf einen sicheren und dauerhaften Verbleib in der Bundesrepublik einstellen können. Nicht zuletzt haben die jüngsten gesellschaftspolitischen Entwicklungen, die massive Fremdenfeindlichkeit (die besonders der türkischen Bevölkerung entgegenschlägt) und die Wahlerfolge der rechtsradikalen Parteien zu dieser Verunsicherung beigetragen. Eine echte politische Partizipation, d. h. das Wahlrecht für alle Nicht-Deutschen in der Bundesrepublik, würde gleichzeitig einen verstärkten Zwang für die deutschen Parteien bedeuten, sich für diese potentielle Wählerschicht stärker einzusetzen.

## 11. Zukunftsperspektiven. Deutschland – (k)eine Heimat?

Beide Seiten, Türken und Deutsche, taten sich lange Zeit schwer, Schritte in Richtung auf ein gemeinsames Zusammenleben in Deutschland zu realisieren. Dies drücken allein die unterschiedlichen Bezeichnungen aus, die für die türkische Bevölkerung gesucht und verwendet wurden: Gastarbeiter, türkische Arbeitnehmer, türkische Mitbürger, Arbeitsmigranten, türkische Einwohner, türkische Minderheit etc. – all diese Bezeichnungen kennzeichnen bestimmte Phasen, die von gesellschaftlichen, politischen und wirtschaftlichen Entwicklungen und Entscheidungen in der Bundesrepublik Deutschland und in der Türkei bestimmt waren.

Eine Rückkehr ist heute für viele der in Deutschland lebenden Türken nicht realistisch. Zwar wird sie häufig idealisiert und in Anbetracht der türkenablehnenden Haltung in der Bundesrepublik als letzte Möglichkeit offengehalten, doch immer weniger Familien setzen diese Absicht um. Schon der Begriff „Rückkehr" trifft nur für die älteren Türken zu. Die meisten Türken unter 35 Jahren in der Bundesrepublik kennen die Türkei nur aus dem Urlaub oder den Erzählungen ihrer Eltern. Sie sprechen besser deutsch als türkisch und wären bei einer „Rückkehr" in die Türkei auch wieder Fremde.

### *Ganz unten auf der Beliebtheitsskala*

Für große Teile der bundesrepublikanischen Bevölkerung sind Türken nicht nur Fremde, sondern stehen auf dem untersten Rang der Beliebtheitsskala. An dieser Stelle sei auf eine Untersuchung des Leipziger Sozialforschungsinstituts verwiesen, das 1992 eine Umfrage bei Jugendlichen im Alter von 16–21 Jahren in den neuen Bundesländern durchführte. In der Untersuchung wurde eine 20stufige Skala der Beliebtheit von Ausländern, differenziert nach Nationalitäten, zusammengestellt: Ganz oben standen US-Amerikaner, gefolgt von Franzosen und Engländern. Den neunten Platz belegten die Polen, den zehnten Platz die Russen, den vorletzten Platz die Türken und den 20. Platz die Sinti und Roma.

Die stark ablehnende Haltung der ostdeutschen Jugendlichen gegenüber Türken verwundert, da in der Ex-DDR nur sehr wenige Türken lebten und somit kaum negative Erfahrungen mit türkischen Mitbürgern gesammelt werden konnten. In der ehemaligen DDR lebten in den Jahren von 1948 bis 1989 lediglich 80 Türken. Sie waren Mitglieder der in der Türkei verbotenen Kommunistischen Partei (TKP), die damals in Ost-Berlin im Exil lebten und gewiß kaum Kontakt zur Bevölkerung hatten.

Als Gründe wurden in dieser Untersuchung von den Jugendlichen angeführt, Türken verschärften die Wohnungslage, lebten gut auf Kosten der Deutschen, nähmen diesen die Arbeitsplätze weg und neigten zu Gewalt und Kriminalität.

Diese Untersuchung zeigt weniger ein realistisches Bild der Türken als vielmehr ein Warnsignal für die Verschärfung der sozialen Situation. Insbesondere die Medien und die politisch Verantwortlichen tragen an der Assoziation „Weniger Türken, weniger soziale Probleme" große Verantwortung.

*Allgemeiner Trend in Westeuropa*

Die stark gestiegene Ablehnung gegen Fremde und Ausländer ist nicht nur ein deutsches Problem, vielmehr ist eine Zunahme fremdenfeindlicher Einstellungen in ganz Westeuropa zu beobachten. Während die Staaten der Europäischen Union seit dem 1. Januar 1993 durch die Realisierung des Binnenmarktes die Grenzen abgeschafft haben und für 345 Millionen Menschen in zwölf Staaten Freizügigkeit der Arbeitskräfte, des Kapitals und der Dienstleistungen anbieten und in Kürze mit einer gemeinsamen Zentralbank, einem gemeinsamen und mit mehr Macht strukturierten Parlament leben werden, nehmen die rassistischen Übergriffe von Holland bis Frankreich, von Deutschland bis Italien sehr stark zu. Auch außerhalb der Europäischen Union, in Schweden und in Österreich, sind zunehmend rassistische Tendenzen erkennbar, die das Zusammenleben der Ausländer mit der jeweiligen Mehrheit immer mehr erschweren.

### „Ausländerfeindlichkeit" – ein ungenauer Begriff

Immer wieder im Laufe der 33jährigen Migrationsgeschichte in der Bundesrepublik Deutschland tauchte zu Zeiten verschiedener Rezessionsphasen eine ausländerablehnende Haltung innerhalb der deutschen Gesellschaft auf.

Dabei ist die Verwendung des Begriffes „Ausländerfeindlichkeit" jedoch ungenau. Schließlich waren selbst in der jüngsten Zeit keine Aggressionen und Angriffe gegenüber Amerikanern, Engländern, Franzosen oder auch gegenüber Dänen oder Japanern zu verzeichnen. Ein Franzose mit heller Hautfarbe wird in den seltensten Fällen Probleme bei der Wohnungs- oder Arbeitsplatzsuche bekommen – aber ein farbiger Franzose?

So richten sich die ausländerfeindlichen Aktivitäten hauptsächlich gegen Menschen, die aufgrund einer anderen Haut- oder Haarfarbe und zusätzlicher kultureller Eigenheiten auffallen. In der Bundesrepublik Deutschland ist daher eine feindliche Stimmung insbesondere gegenüber Menschen aus der Türkei, aus Afrika oder dem Nahen Osten zu verzeichnen.

Für die Zunahme von Rassismus und rechtsextremistischer Haltung in weiten Bevölkerungskreisen gibt es sowohl gesellschaftliche als auch politische Ursachen.

### Gesellschaftliche Ursachen von Rechtsextremismus

Der moderne Rechtsextremismus wird begünstigt durch die Individualisierung und Modernisierung der Gesellschaft, die einen Rückgang der Solidarität und eine Isolierung des Individuums zur Folge haben. Vor allem den Jugendlichen fehlen vielfach familiäre Strukturen. Rechtsextreme Gruppierungen geben vielen das Gefühl, einer Gruppe anzugehören, auf die sie sich verlassen können. Unsicherheit und Angst innerhalb der Bevölkerung vor Veränderungen begünstigen die Suche nach Sündenböcken. Eine weitere gesellschaftliche Ursache von Rechtsextremismus liegt einerseits im Sozialdarwinismus der Ellbogengesellschaft, andererseits im „Wohlstands-Chauvinismus", d. h. der Weigerung, etwas an Personen abzugeben, die den Gewinn nicht mit erwirtschaftet haben. Als Konkurrenten werden hier nicht nur die Ausländer, sondern inzwischen auch Aussiedler und sogar Ostdeutsche empfunden.

*Politische Ursachen*

Für die Zunahme von Ausländerfeindlichkeit und Rechtsextremismus gibt es allerdings auch politische Ursachen. So kann Rechtsextremismus als rationaler Protest von Gruppen gesehen werden, die sich durch die Politik der etablierten Parteien vernachlässigt fühlen. Zudem werden bereits bestehende Vorurteile gegenüber Ausländern von Politikern durch eine endlose Asyldebatte bestätigt, die eine allgemeine Fremdenfeindlichkeit suggeriert und den Eindruck erweckt, das „Asylantenproblem" sei die zentrale, Innen- und Sozialpolitik beherrschende Frage des Landes. Scheinargumentationsketten wie z. B. „Wir bedauern die Anschläge auf Asylbewerberheime, aber der Zuzug muß gestoppt werden" verstärken diese Klischees in unverantwortlicher Weise.

1992 wurden 2285 rechtsextremistische Gewalttaten registriert, davon waren 90% fremdenfeindlich motiviert. Im Jahr 1991 hatte die Zahl der Gewalttaten mit rechtsextremistischer Motivation „nur" 1500 betragen.

Im Jahr 1992 (Stand 6. 12. 1992) fielen nach Angaben des Bundesamtes für Verfassungsschutz 17 Personen, sowohl Deutsche als auch Ausländer, Gewalttaten mit erwiesener oder zu vermutender rechtsextremistischer Motivation zum Opfer. Von den 17 Personen waren sieben Personen Ausländer, fünf hatten mit den Tätern über deren politische Ansichten gestritten, drei waren Obdachlose und einer arbeitslos.

Bis zum 23. November 1992, als in Mölln drei Türkinnen getötet und acht weitere Türken von zwei Neonazis verletzt wurden, hat man in der Bundesrepublik Deutschland die Ernsthaftigkeit dieser rechtsradikalen Angriffe auf Ausländer und Deutsche nur unzulänglich begriffen.

Im gleichen Maße erschreckend wie die hauptsächlich gegen Türken und Asylbewerber verübten Gewalttaten sind versteckte antitürkische Tendenzen in der deutschen Öffentlichkeit, die sich durch alle gesellschaftlichen Schichten bemerkbar machen. Obwohl Türken seit mehr als 33 Jahren in Deutschland arbeiten, ist eine gleichberechtigte Zusammenarbeit mit und in deutschen Institutionen auch heute noch keineswegs selbstverständlich.

Selbst bei der Bundesbeauftragten für Ausländerfragen hat es elf Jahre gedauert, bis ausländische Mitarbeiter eingestellt wurden. Als die Vorgänge in Mölln eine Woche nach dem Geschehen Anlaß zu einer Diskussion über Rechtsradikalismus im Presseclub des Deutschen Fernsehens waren, lud man – korrekterweise – einen israelischen und einen deutschen Vertreter zur Diskussion ein. Die drei weiteren Diskussionsteilnehmer stammten nicht aus der Türkei oder aus Griechenland oder Italien, aus Ländern also, deren hier lebende Staatsangehörige unmittelbar betroffen sind, sondern aus Großbritannien, Frankreich und den USA. Es war den Verantwortlichen wohl nicht einmal bekannt, daß türkische Journalisten in Deutschland leben und arbeiten! Allein 150 hauptberufliche türkische Journalisten berichten regelmäßig über die politischen und gesellschaftlichen Entwicklungen in der Bundesrepublik Deutschland. Dagegen sind deutlich weniger deutsche Journalisten ständig in der Türkei beschäftigt – genauer gesagt zwei.

## Möglichkeiten eines besseren Zusammenlebens

Zunächst einmal wird man sich hier darüber im klaren werden müssen, daß die Anwesenheit von Ausländern in der Bundesrepublik Deutschland keine vorübergehende ist. Solidarität, die inzwischen von der deutschen Bevölkerung in unzähligen Demonstrationen und Lichterketten gezeigt wurde, stellt ein positives Zeichen dar, das freilich nicht den Wandel in der Politik ersetzt. Das Motto „Seid nett zueinander!" wäre hier nicht ausreichend.

Es muß akzeptiert werden, daß das Zusammenleben von ausländischen und deutschen Mitbürgern nicht konfliktfrei verlaufen kann, daß es aufgrund unterschiedlicher Lebensanschauungen und Werte zwangsläufig zu Differenzen kommen wird, die ausgetragen werden müssen. Die Herausforderung für die Zukunft besteht jedoch darin, sich auf Konkurrenz einzulassen, das Konfliktpotential im alltäglichen Miteinander zu entschärfen und die bestehenden Probleme gemeinsam zu lösen.

Der Schutz der ausländischen Minderheiten in Deutschland wird inzwischen von vielen als vorrangig betont. Er soll durch ein rigoroses Durchgreifen bei rechtsradikalen und rassistisch motivierten Handlungen gewährleistet werden. Es steht bei der Bekämpfung von Fremdenfeindlichkeit eine Fülle von Straftatbeständen zur Ahndung neonazistischer und fremdenfeindlicher Delikte zur Verfügung, z.B. §§ 86 und 86a StGB gegen das Verbreiten von nationalsozialistischen Propagandamitteln und Kennzeichen. Der Bundesrat fordert eine Beschleunigung der Strafverfahren und alsbaldigen Strafvollzug nach rechtskräftiger Verurteilung. Zudem sollen der Erkenntnisstand der Verfassungsschutzbehörden aller Länder über rechtsextremistische Gruppierungen verbessert und mögliche Querverbindungen zwischen rechtsextremistischen Skinheads und rechtsradikalen Gruppierungen und Parteien untersucht werden.

## Verantwortung der Medien

Das zur Verfügung stehende rechtliche Instrumentarium allein reicht jedoch nicht aus, um das Zusammenleben zwischen Deutschen und Ausländern in der Bundesrepublik Deutschland zu verbessern. Es müssen vor allem bestehende Vorurteile über Ausländer bekämpft und abgebaut werden. In diesem Zusammenhang kommt den Medien eine besondere Funktion zu. Ihre Aufgabe ist es, Türken bzw. Ausländer als das darzustellen, was sie sind: nämlich als Teil unserer Gesellschaft und nicht als „Scheinasylanten", Kriminelle, Opfer oder eine folkloristische Attraktion. Der inflationäre Gebrauch des Begriffes „Rassismus" muß aufhören, da er mit seiner Überbetonung und -bewertung biologischer Unterschiede i. d. R. gleichzeitig „Ethnozentrismus", „Fremdenfeindlichkeit" und „Xenophobie", die Angst vor dem Fremden, evoziert. Hier muß eine Differenzierung der Begriffe stattfinden.

Im übrigen wäre es produktiver, bei der Behandlung des Themas „Ausländerfeindlichkeit" in den Medien nicht hauptsächlich über Gewaltakte und radikale Außenseiter, sondern über den vielfältigen Widerstand der Bürger gegen die Gewalt zu berichten.

## Herausforderung an die Demokratie

Es sollte endlich auch erkannt und zugegeben werden, daß Rechtsradikalismus und Ausländerfeindlichkeit keine Phänomene sind, die lediglich bei Randgruppen der deutschen oder anderer europäischer Gesellschaften zu finden sind, sondern daß ein beträchtliches Potential an „Wohnzimmerrassismus" und radikalen Neigungen stets in der gesamten Bevölkerung verdeckt vorhanden ist. Dieses Vorhandensein eines extremistischen Potentials in breiten Teilen der Gesellschaft muß von den politischen Parteien und allen übrigen gesellschaftlichen Kräften sehr ernst genommen und als Herausforderung des Rechtsstaates und der Demokratie begriffen werden. Punktuelle Repressionen gegen eine rechtsradikale Minderheit allein sind nicht ausreichend.

Die türkische Minderheit in Deutschland befürchtet, daß die Ereignisse von Mölln und Solingen nur die Spitze eines Eisberges sind. Es war für viele Türken seit längerer Zeit offensichtlich, daß der Ausländerhaß sich bald gegen die größte Ausländergruppe in der Bundesrepublik, die Türken, richten würde. Als der türkische Jugendliche Ekşi in Berlin von Skinheads ermordet wurde, war allen klar, daß die Gewalttaten gegenüber Türken zunehmen würden. Die Droh- und Schimpfbriefe, die türkische Einrichtungen oder Einzelpersonen bekamen, waren die ersten Signale. Bereits im Jahr 1991 verzichteten vor allem in Berlin viele Türken aus Angst vor Angriffen auf die ansonsten bei ihnen so beliebten öffentlichen Verkehrsmittel. Zu abendlichen Verabredungen kam man entweder mit dem Taxi oder mit dem eigenen Wagen. Insbesondere türkische Frauen sind betroffen: Für die Türkinnen in Duisburg, in Gelsenkirchen oder in Dortmund ist es ein schwerer Entschluß, abends alleine oder in Gruppen auf die Straße zu gehen. Aber all diese Vorsichtsmaßnahmen haben wenig geholfen. Sieben Türkinnen, die sich zu Hause in Sicherheit fühlten, sind Opfer rechtsradikaler Gewalttäter geworden.

Im Interesse aller, Deutscher und Türken, muß ein Umdenken stattfinden. Eine Eskalation würde ansonsten immer wahrscheinlicher. Immer mehr türkische Jugendliche denken daran, sich zu bewaffnen und sich gegen die Übergriffe zur Wehr zu setzen. Eine derartige Entwicklung können nur die Kräfte herbeisehnen, die einen anderen, einen totalitären Staat wollen.

Rein volkswirtschaftlich gesehen haben die Morde und Gewalttaten bereits erste Wirkungen gezeigt: Potentielle Investoren haben ihre Pläne zunächst auf Eis gelegt oder ihre Aufträge an andere Staaten vergeben. Touristen sagten ihre Deutschlandreisen ab, und so manches Geschäft deutscher Unternehmer im Ausland kam zu keinem Abschluß. Milliardenschäden, so führende deutsche Wirtschaftsfachleute, sind der deutschen Volkswirtschaft durch die Gewalttaten der nationalsozialistisch gesinnten Täter entstanden. Die Wirtschaft, die Gewerkschaften, die deutschen Medien und besonders die deutschen Politiker sind gefordert, ge-

*Abb. 5:* Koranschule in der Sehitlik Moschee in Berlin-Tempelhof.

gen diese Entwicklung konkrete Maßnahmen einzuleiten und der Öffentlichkeit eindeutig zu sagen: Es sind die Brandstifter und die Biedermänner mit Schlips und Kragen im Hintergrund, die Deutschland schon einmal in die Katastrophe geführt haben.

Man sagt, Geschichte wiederholt sich nicht, Geschichte darf sich nicht wiederholen – das ist keine Hoffnung, sondern eine Forderung an die politisch Verantwortlichen. In einem vereinten Europa, in einem Europa, das momentan am Beispiel des ehemaligen Jugoslawien erfährt, wohin Nationalismus und eine Überbetonung von Ethnizität führen, dürfen die 1,9 Millionen Türken nicht ausgegrenzt werden. Sie sind in den letzten 33 Jahren ein Teil Europas geworden, sie haben zu Aufbau und Wohlstand beigetragen. Dafür wurden sie bezahlt und erwarten deshalb keinen Dank. Erwarten können sie aber eine menschenwürdige Behandlung und vor allem ein Leben ohne Angst in einem Land, das für viele Türken eben doch zur Heimat geworden ist.

# Literatur

Das Zahlenmaterial, soweit nicht anders angegeben, stammt aus Erhebungen des Zentrums für Türkeistudien.

*Abadan-Unat, N.:* Massenmedien, in: Grothusen, K.-D. (Hg.): Südosteuropa-Handbuch, Bd. IV: Türkei, Göttingen 1985.
*Abdullah, M. Salim:* Geschichte des Islam in Deutschland, Köln 1981.
*Akçaylı, N./Şen, F. (Hg.):* Berufliche Integration in der Bundesrepublik und in der Türkei, Frankfurt/M., 1988.
*Appleyard, Reginald:* International Migration: Challenge for the Nineties, International Office for Migration, Genf o.J.
*Bammel, S./ Şen, F. (Hg.):* Kommunales Wahlrecht und politische Partizipation für Ausländer am Beispiel ausgewählter europäischer Länder, Bonn 1986.
*Beauftragte der Bundesregierung für die Integration der ausländischen Arbeitnehmer und ihrer Familienangehörigen:* Daten und Fakten zur Ausländersituation, Mitteilungen der verschiedenen Jahrgänge, Bonn.
*Binswanger, K./Sipahioğlu, F.:* Türkisch-islamische Vereine als Faktor deutsch-türkischer Koexistenz, Benediktbeuern 1988.
*Boos-Nünning, U.:* Lebenssituationen und Deutungsmuster türkischer Mädchen in der Bundesrepublik Deutschland, in: Yakut, A./Reich, H. H./ Neumann, U./Boos-Nünning, U.: Zwischen Elternhaus und Arbeitsamt. Türkische Jugendliche suchen einen Beruf, Berlin 1986.
*Ders.:* Einwanderung ohne Einwanderungsentscheidung – Ausländische Familien in der Bundesrepublik Deutschland, in: Aus Politik und Zeitgeschichte B 23–24/1990.
*Ders.:* Türkische Familien in Deutschland, in: Luchtenberg, S./Nieke, W.: Interkulturelle Pädagogik und Europäische Dimension, Münster 1994.
*Brandt, H.-H./Haase, C.-P. (Hg.):* Begegnung mit Türken – Begegnung mit dem Islam, Hamburg 1984.
*Broyles-Gonzáles, Yolanda:* Türkische Frauen in der Bundesrepublik Deutschland, Die Macht der Repräsentation, in: Zeitschrift für Türkei-Studien, Jahrgang 1990, Heft 1.
*Bundesminister des Inneren (Hg.):* Verfassungsschutzbericht 1993, Bonn 1994.

*Cohn-Bendit, D./Schmidt, T.:* Heimat Babylon. Das Wagnis der multikulturellen Demokratie, Hamburg 1993.

*Czock, H.:* Ausländische Betriebsgründungen als Ausbildungsstätten, Working Paper Nr. 6 des Zentrums für Türkeistudien, Bonn, April 1990.

*Darkow, M./Eckhard, J./Maletzke, G.:* Massenmedien und Ausländer in der Bundesrepublik Deutschland, Frankfurt 1975.

*Die Brücke (Hg.):* Islam im Abendland, Saarbrücken 1992.

*Elschenbroich, D.:* Eine Nation von Einwanderern. Ethnisches Bewußtsein und Integrationspolitik in den USA, Frankfurt/M. 1986.

*Ende, W./Steinbach, U. (Hg.):* Der Islam in der Gegenwart, 3. Auflage, München 1991.

*Erichsen, R./Şen, F.:* Hinwendung zur Selbständigkeit bei Gastarbeitern mit besonderer Berücksichtigung von Türken, Hg.: International Migration for Employment, Working Paper, Genf 1987.

*Falaturi, A. (Hg.):* Der Islam in den Schulbüchern der Bundesrepublik Deutschland, Teil 1–7, Braunschweig 1986–1988.

*Goldberg, A.:* Ausländische Selbständige auf dem bundesdeutschen Arbeitsmarkt. Ein Beispiel für den wirtschaftlichen und sozialen Aufstieg ehemaliger ausländischer Arbeitnehmer, in: Bundesforschungsanstalt für Landeskunde und Raumordnung (Hg.): Informationen zur Raumentwicklung, S. 411–418, Heft 7/8. Bonn 1991.

*Ders.:* Ausländische Betriebe in Nordrhein-Westfalen. Eine Untersuchung zur unternehmerischen Selbständigkeit von Italienern, Jugoslawen, Griechen und Türken im Land Nordrhein-Westfalen, Opladen 1991.

*Ders.:* Ausländische Selbständige in Nordrhein-Westfalen, in: Institut für Sozialarbeit und Sozialpädagogik (Hg.): Informationsdienst zur Sozialarbeit 1991/3, Frankfurt 1991, S. 64–68.

*Ders.:* Selbständigkeit als Integrationsfortschritt?, in: Zentrum für Türkeistudien (Hg.): Zeitschrift für Türkeistudien (ZfT) 1/92, Bonn 1992, S. 75–92.

*Ders./Şen, F.:* Ein neuer Mittelstand? Unternehmensgründungen von ehemaligen ausländischen Arbeitnehmern in der Bundesrepublik Deutschland, in: Wirtschafts- und Sozialwissenschaftliches Institut des Deutschen Gewerkschaftsbundes (Hg.): WSI Mitteilungen 3/1993, Düsseldorf 1993, S. 163–173.

*Ders.:* Status and Specific Problems of Elderly Foreigners in the Federal Republic of Germany, ZfT/Aktuell Nr. 14, Bonn, März 1993.

*Ders.:* Ältere Ausländer in der Bundesrepublik Deutschland. Zentrale Ergebnisse einer bundesweiten Studie zur Lebenssituation und spezifischen Problemlage ausländischer Senioren, in: Markus Lang

(Hg.): Fremde in der Stadt/Ville et Immigration, Berichte aus dem Institut für Raumplanung Nr. 34, Universität Dortmund, Dortmund Mai 1993, S. 58–62.

*Grothusen, K. D. (Hg.):* Südosteuropa Handbuch, Bd. IV: Türkei, Göttingen 1985.

*Gümrükçü, H.:* Beschäftigung und Migration. Unter Berücksichtigung der Auswirkungen der Auswanderung auf die Volkswirtschaft der Bundesrepublik Deutschland, Beiträge zur Arbeitsmarkt- und Berufsforschung, Nürnberg 1986.

*Güven, H. S.:* Das Problem der beruflichen Reintegration der rückkehrenden Arbeitnehmer, in: Akçaylı, N./Şen, F.: Berufliche Integration der zweiten Türkengeneration in der Bundesrepublik Deutschland und in der Türkei, Frankfurt 1988.

*Haarmann, M.:* Der Islam. Ein Lesebuch, München 1992.

*Hartmann, R.:* Die Religion des Islam, Darmstadt 1992.

*Heine, P.:* „Fundamentalisten und Islamisten", in: Aus Politik und Zeitgeschichte, Beilage zur Wochenzeitung Das Parlament, 7. August 1992, S. 23–30.

*Hoffmann, B./Opperskalski, M./Solmaz, E.:* Graue Wölfe, Koranschulen, Idealistenvereine, Köln 1981.

*Hohloch, F.:* Situation älter gewordener nicht mehr im Arbeitsprozeß stehender ausländischer Mitbürger, Gutachten im Auftrag der Landeshauptstadt Stuttgart, Reutlingen September 1990.

*Institut der Deutschen Wirtschaft (Hg.):* Zahlen zur wirtschaftlichen Entwicklung der Bundesrepublik Deutschland, Köln 1993.

*Kappert, P.:* Grundsätzliche Überlegungen zur Einführung islamischen Religionsunterrichts für türkische Schüler, in: Brandt, H.-H./Haase, C.-P. (Hg.): Begegnung mit Türken – Begegnung mit dem Islam, Hamburg 1984.

*Khoury, A./Heine, P. u. a.:* Islam-Lexikon, Freiburg 1991.

*Kleff, H.-G.:* Vom Bauern zum Industriearbeiter. Zur kollektiven Lebensgeschichte der Arbeitsmigranten aus der Türkei, Mainz 1985.

*Krüger-Potratz, M.:* Zum Wandel der türkischen Familie in der Türkei und in der Migration, in: v. Zubke, F. (Hg.): Familienerziehung international, 1988.

*Kushner, D.:* Turkish Secularists and Islam, in: Jerusalem Quarterly 36/1986.

*Lähnemann, J. (Hg.):* Das Wiedererwachen der Religionen als pädagogische Herausforderung, Hamburg 1992.

*Lutherisches Kirchenamt der Vereinigten Evangelisch-Lutherischen Kirche Deutschlands u. Kirchenamt der Evangelischen Kirche Deutschland (Hg.):* Was jeder vom Islam wissen muß, Gütersloh 1991.

*Meys, W./Şen, F. (Hg.):* Zukunft in der Bundesrepublik oder Zukunft in der Türkei, Frankfurt/M. 1986.
*Neusel, A./Tekeli, Ş./Akkent, M. (Hg.):* Aufstand im Haus der Frauen. Frauenforschung in der Türkei, Berlin 1991.
*Ölçen, A. N.:* Türken und Rückkehr, Zentrum für Türkeistudien (Hg.), Studien und Arbeiten Bd. 1, Frankfurt/M. 1986.
*Özak, I. H.:* Verflechtungen. Radikal-islamische Gruppen in der Bundesrepublik Deutschland, in: Entwicklungspolitische Korrespondenz 5/6. 1988.
*Özcan, E.:* Türkische Immigrantenorganisationen in der Bundesrepublik Deutschland, Berlin 1989.
*Özkara, S. (Hg.):* Türkische Migranten in der Bundesrepublik Deutschland. Federal Almanya'da Türk Göcmenler, Frankfurt/M. 1988.
*Rodinson, M.:* Islam und Kapitalismus, Frankfurt/M. 1986.
*Ders.:* Die Faszination des Islam, 2. Auflage, München 1991.
*Şen, F.:* Türkische Arbeitnehmergesellschaften. Reintegrations- und Integrationsproblematik der Türken in der Bundesrepublik Deutschland (2. erw. Aufl.), 1983.
*Ders.:* Türken in der Bundesrepublik Deutschland. Leistungen, Probleme, Erwartungen, in: Beiträge zur Konfliktforschung 3/1986.
*Ders.:* Die wirtschaftliche Entwicklung der Türkei seit 1973, in: Aus Politik und Zeitgeschichte, Beilage zur Wochenzeitung Das Parlament, 1988.
*Ders.: Jahn, G. (Hg.):* Wahlrecht für Ausländer. Stand und Entwicklung in Europa, Frankfurt/M. 1985.
*Ders.:* Beziehungen der Türkei zur Europäischen Gemeinschaft, unveröffentl. Manuskript, Bonn 1989.
*Ders.:* Probleme und Eingliederungsengpässe der türkischen Migranten in der Bundesrepublik Deutschland, Hg.: International Labour Office, Genf 1989.
*Ders.:* Türkischer Islam – eine Herausforderung für Europa? ZfT/Aktuell Nr. 14., Essen 1993.
*Ders.:* Türkei. Land und Leute, 3., überarbeitete Auflage, München 1993.
*Statistisches Bundesamt:* Statistisches Jahrbuch für die Bundesrepublik Deutschland, verschiedene Jahrgänge, Wiesbaden.
*Turan, T.:* Die Alevis in der Türkei, in: Brandt, H.-J./Haase, C.-P. (Hg.): Begegnung mit Türken. Begegnung mit dem Islam, Hamburg 1981.
*Verband islamischer Kulturzentren e. V. (VIKZ):* Broschüre zur Vorstellung des Verbandes der islamischen Kulturzentren und dessen Gemeinden, Köln 1991.

*Wilpert, C.:* Orientations, Perceptions and Strategies among Turkish Alevi and Sunni Migrants, in: Gerholm, T./Litman, Y. G.: The New Islamic Prescence in Western Europe, London/New York 1988.

*Zentrum für Türkeistudien (Hg.):* Politische Vorstellungen und Rückkehr- und Verbleibabsichten der Türken in der Bundesrepublik Deutschland, Bonn 1986.

*Dass.:* Die türkische Presse in der Bundesrepublik Deutschland und ihr Einfluß auf die Integration von Türken – Standpunkte und Analysen – Studien und Arbeiten 2, Bonn 1988.

*Dass.:* Türkische Unternehmensgründungen – Von der Nische zum Markt? – Ergebnisse einer Untersuchung bei türkischen Selbständigen in Dortmund, Duisburg und Essen, Studien und Arbeiten 5, Opladen 1989.

*Dass.:* Inhaltsanalyse der in der Bundesrepublik Deutschland erscheinenden türkischen Zeitungen, unv. Manuskr., Bonn 1989.

*Dass.:* Zum Integrationspotential der türkischen Tagespresse in der Bundesrepublik Deutschland, Opladen 1991.

*Dass.:* Leserbefragung der Wochenzeitung Cumhuriyet Hafta, Bonn März 1991.

*Dass.:* Konsum von Videofilmen der türkischen Wohnbevölkerung unter besonderer Berücksichtigung von Videofilmen mit islamisch-fundamentalistischem Inhalt, unveröffentlichte Studie, 1991.

*Dass.:* Konsumgewohnheiten und wirtschaftliche Situation der türkischen Bevölkerung in der Bundesrepublik Deutschland, Ergebnisse einer telefonischen Umfrage, unveröffentlichte Studie, 1992.

*Dass.:* Türkei-Sozialkunde. 2. überarbeitete Auflage, Opladen 1993.

*Dass.:* Dialog mit einer neu etablierten religiösen Minderheit in Nordrhein-Westfalen, Veröffentlichung voraussichtlich August 1994.

*Dass.:* Wandel im Selbstverständnis der türkischen Frau in der Bundesrepublik Deutschland, Veröffentlichung voraussichtlich August 1994.

*Dass.:* Zur Lebenssituation und spezifischen Problemlage älterer ausländischer Einwohner in der Bundesrepublik Deutschland, Bonn 1993.

*Dass.:* Dialog mit dem Islam. Eine Kurzstudie zur Entwicklung und zu den Zukunftsperspektiven islamischer Organisationen in Rheinland-Pfalz, Essen, November 1992.